実践ビジネス・コミュニケーション

― 相手のこころとビジネスの両方を満たすスキルが手に入る ―

平林信隆［著］

創 成 社

はじめに

　本書は，大学生や社会人が，ビジネスの領域でこれからますます必要となるコミュニケーション能力を高めるための実践的なテキストです。

　2016年に経団連が会員企業に行った調査（回答企業709社）によると，2016年4月入社対象の採用選考にあたって，これらの企業が特に重視した点は「コミュニケーション能力」が13年連続で第1位となりました。これは第2位の「主体性」に20%以上の差をつけ，圧倒的に「コミュニケーション能力」が重視されたという結果でした。

　また，人材会社，エン・ジャパン株式会社が行った，ミドル層の転職後の出世・年収の調査によると，管理職候補として転職したものの，年収アップ（出世）できなかった人に共通するのが，「コミュニケーション能力が低い」が59%で最も多かったそうです。

　このことは，企業において社員の「コミュニケーション能力」がいかに重要であるかを示すと同時に，企業の中でコミュニケーションに関する問題や課題がいかに多く内在しているかという現状を示しているといえます。

　この状況は民間企業のみならず，教育機関や公的機関にも当てはまります。さらには日本国内のみならず世界中で起こっているのです。

　人というのはある出来事に遭遇した時に，たとえそれがたったひとつの同じ出来事であっても，その出来事を人それぞれ異なる認識をし，異なるイメージを持ち，異なる理解をして記憶します。そして，コミュニケーションにおける問題は，その記憶から造られた人それぞれ異なる世界観を相手に押し付けることに起因するのです。

　実は，相手の世界観は，相手の話を聴くことでしか共有できません。それは突き詰めると，その人の人生観まで行きつくこともあります。相手の世界観は，お互いに信頼関係がないと話してはもらえないことも多いのです。そして，信頼関係を構築するためには単なるビジネスの論理的な関係を超え，相手の世界観を受け入れ，心の共感をすることも大切なのです。

　本書はビジネス・コミュニケーションを27のテーマに分類し，私自身が学んだMBAに代表されるビジネスメソッドだけではなく，心理学の観点からもバランスよく取り扱っています。この27のテーマは講座・演習方式を取っており，どのテーマからも学び，実践ができるようになっています。

　第1部　基本編は，「信頼関係の形成，リスニング手法，価値観と思い込み」など「心理カウンセラーや神経言語プログラミング（NLP）トレーナー」として，心理学の世界にも，一歩踏み込んだ本質的な内容になっています。第2部　応用編は，営業や交渉の現場ですぐに使えるように，「MBAホルダーとして，ソニーでの31年間のビジネス経験に基づいた事例や言い回し」などを含んだ実践的なテーマを盛り込みました。

　本書を通じて，これからの社会を担うみなさまが，ビジネスと心のバランスのとれた，再現性

のあるコミュニケーションのスキルを身につけることによって，これから直面するであろう，さまざまな状況に柔軟に対応し，ビジネスや人生で成功していかれることを願ってやみません。

2018年3月

平林信隆

目　次

はじめに

第1部　基本編

第1章　ビジネス・コミュニケーションとは —— 2
- 1-1　コミュニケーションの定義 ……………… 2
- 1-2　ビジネスにおけるコミュニケーションの重要性 ……… 3
- 1-3　あなたのコミュニケーションのくせを診断する ……… 4
- 1-4　この章のまとめ ……………… 6

第2章　他者に対する働きかけ〜ストローク〜 …… 7
- 2-1　ストロークとは ……………… 7
- 2-2　ストロークの仕組み ……………… 8
- 2-3　ストロークの実践 ……………… 10
- 2-4　この章のまとめ ……………… 11

第3章　信頼関係（ラポール）の形成 —— 12
- 3-1　ラポール形成のカギ，自己重要感と承認欲求 ……… 12
- 3-2　自己重要感を満たすことの意味 ……… 12
- 3-3　相手の自己重要感を満たすスキル ……… 14
- 3-4　この章のまとめ ……………… 14

第4章　積極的傾聴法（アクティブ・リスニング）のスキル —— 15
- 4-1　アイコンタクト，うなずき，あいづち ……… 15
- 4-2　マッチング＆ミラーリング，バックトラッキング ……… 16
- 4-3　積極的傾聴法の実践 ……………… 17
- 4-4　この章のまとめ ……………… 20

第5章　反映的傾聴法（リフレクティブ・リスニング）のスキル —— 21
- 5-1　共感の意味 ……………… 21
- 5-2　反映的傾聴法（リフレクティブ・リスニング）の実践 ……… 21
- 5-3　この章のまとめ ……………… 23

第6章　感情のコントロール —— 24
- 6-1　感情のコントロールの定義と必要性 ……… 24
- 6-2　感情をコントロールする方法 ……… 24
- 6-3　感情のコントロールの実践 ……… 25
- 6-4　怒りの感情コントロール ……… 26
- 6-5　この章のまとめ ……………… 27

第7章　質問による他者理解のスキル —— 28
- 7-1　質問の基本 ……………… 28
- 7-2　クローズドエンド型とオープンエンド型の質問 ……… 28
- 7-3　質問の実践 ……………… 29
- 7-4　この章のまとめ ……………… 29

第8章　メッセージのスキル —— 30
- 8-1　あなた（YOU）メッセージのスキル ……… 30
- 8-2　わたし（I）メッセージのスキル ……… 30
- 8-3　メッセージスキルの実践 ……… 31
- 8-4　この章のまとめ ……………… 32

第9章　コミュニケーション・ギャップ —— 33
- 9-1　コミュニケーション・ギャップの原因 ……… 33
- 9-2　価値観の理解 ……………… 33
- 9-3　思い込みの修正 ……………… 33
- 9-4　この章のまとめ ……………… 35

第10章　アサーティブ・コミュニケーション —— 36
- 10-1　アサーティブ・コミュニケーションとは ……… 36
- 10-2　3つのコミュニケーションの型 ……… 36
- 10-3　DESC法によるアサーティブ・コミュニケーション実践 ……… 38
- 10-4　この章のまとめ ……………… 39

第11章　言語プロファイリング —— 40
- 11-1　言語プロファイリングとは ……… 40
- 11-2　言語プロファイリングの実践 ……… 42
- 11-3　言葉によるペーシングとリーディング ……… 44
- 11-4　この章のまとめ ……………… 45

第12章　スピーチのスキル —— 46
- 12-1　スピーチの基本 ……………… 46
- 12-2　スピーチの内容と構成 ……… 48
- 12-3　スピーチの実践 ……………… 50
- 12-4　この章のまとめ ……………… 51

第13章　プレゼンテーション —— 52
- 13-1　プレゼンテーションとは ……… 52
- 13-2　プレゼンテーション基本構成のテクニック ……… 52
- 13-3　PowerPointなどのスライドを作成するテクニック ……… 53
- 13-4　スライドを使いながら聴衆の前で発表をするテクニック ……… 54

13-5　この章のまとめ……………………………56

第14章　コーチング ─── 57
　　14-1　コーチングの基本………………………57
　　14-2　コーチングの進め方…………………58
　　14-3　コーチングの実践……………………63
　　14-4　この章のまとめ………………………63

第15章　ファシリテーション ─── 64
　　15-1　グループディスカッションとは……64
　　15-2　ファシリテーターの役割…………65
　　15-3　ファシリテーションの実践………66
　　15-4　この章のまとめ………………………67

第16章　ビジネス・インプロ（即興）・トレーニング ─── 68
　　16-1　ビジネス・インプロとは……………68
　　16-2　即興力の鍛え方………………………68
　　16-3　インプロ・コミュニケーション・トレーニングの実践……………………70
　　16-4　この章のまとめ………………………71

第17章　敬語の使い分け ─── 72
　　17-1　敬語の3種類……………………………72
　　17-2　尊敬語，謙譲語，丁寧語の使い方…73
　　17-3　間違いやすい敬語の使い分け………75
　　17-4　この章のまとめ………………………77

第2部　応用編

第18章　上司とのコミュニケーション ─── 80
　　18-1　上司の指示の受け方…………………80
　　18-2　報告・連絡・相談（ホウ・レン・ソウ）のポイント……………………………81
　　18-3　上司とのコミュニケーションの実践…82
　　18-4　この章のまとめ………………………83

第19章　部下とのコミュニケーション ─── 84
　　19-1　部下への指示の出し方………………84
　　19-2　部下が「ホウ・レン・ソウ」（報告・連絡・相談）をしやすい環境をつくる……85
　　19-3　部下のやる気につながる叱り方とほめ方…85
　　19-4　部下とのコミュニケーションの実践…87
　　19-5　この章のまとめ………………………88

第20章　電話によるコミュニケーション ─── 89
　　20-1　電話応対のポイント…………………89
　　20-2　電話のとりつぎ方……………………90
　　20-3　電話によるコミュニケーションの実践…92
　　20-4　この章のまとめ………………………92

第21章　怒っている人とのコミュニケーション ─── 93
　　21-1　クレーム対応のポイント……………93
　　21-2　相手から怒られた時の会話表現……95
　　21-3　怒った相手に対するコミュニケーションの実践…96
　　21-4　この章のまとめ………………………97

第22章　悲しんでいる人とのコミュニケーション ─── 98
　　22-1　喪失を体験している人へのケア（グリーフケア）……………………………98
　　22-2　相手に寄り添うポイント……………99
　　22-3　悲しんでいる人とのコミュニケーション…101
　　22-4　この章のまとめ………………………101

第23章　面談におけるコミュニケーション ─── 102
　　23-1　好感を得るポイント…………………102
　　23-2　相手と自分の相違を知る方法………103
　　23-3　相手のニーズをつかみ，掘り起こすコミュニケーション……………………104
　　23-4　この章のまとめ………………………105

第24章　会食におけるコミュニケーション ─── 106
　　24-1　会食のマナーとルール………………106
　　24-2　相手を楽しくさせる心配り…………107
　　24-3　会食におけるコミュニケーションの実践…108
　　24-4　この章のまとめ………………………109

第25章　営業におけるコミュニケーション ─── 110
　　25-1　顧客の購入までのステップ…………110
　　25-2　各ステップで決断をサポートする話し方…110
　　25-3　営業コミュニケーションの実践……111
　　25-4　この章のまとめ………………………111

第26章　交渉におけるコミュニケーション技法 ─── 112
　　26-1　切り出し話法と切り返し話法………112
　　26-2　第三者引用法と第三者同意獲得法…113
　　26-3　テストクロージング法と二者択一法…114
　　26-4　交渉におけるコミュニケーション技法の実践…115
　　26-5　この章のまとめ………………………115

第27章　面接における自己PR ─── 116
　　27-1　自分自身の棚卸リストの作成………116
　　27-2　面接先に合わせたアピールポイントの整理（USP）……………………………117
　　27-3　自己PR文の作成（セルフブランディング）…118
　　27-4　この章のまとめ………………………119

参考文献　120
実践ビジネス・コミュニケーション考察レポート

第1部
基本編

第1章
ビジネス・コミュニケーションとは

1-1　コミュニケーションの定義

　コミュニケーションとは，「情報・思考・感情などの事象」を自分と相手との間で意識的・無意識的に言語・非言語で五感を通して伝えあい，共有化し，理解し合うことです。下図は，そのコミュニケーションの過程を図に表したものです。

　意識的なコミュニケーションとは頭の中で考えたことを伝えることで，例えばプレゼンテーションでよく準備された言葉や文字など言語によるものを媒体として行うものがあります。

　一方，無意識的なコミュニケーションとは頭で考えなくても当たり前に伝えることで，あいさつの時にとっさに出るお辞儀，ほほ笑み，ボディタッチなどのしぐさなど非言語によるものを媒体として，相手の体感覚や視覚を通して伝えるものがあります。

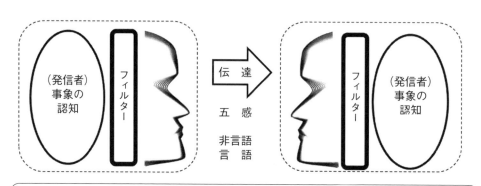

フィルターの種類
自我，性格，人格，価値観，世界観，思い込み，感情，脳や神経細胞の特性，記憶，体験（意識的，無意識的）など

　発信者と受信者の間で「情報・思考・感情などの事象」は，伝達，共有，理解される過程において必ず発信者と受信者，それぞれが持っているフィルターを通ります。このフィルターは，その人の持っている自我，性格，人格，価値観，世界観，思い込み，感情，脳や神経細胞の特性，記憶，体験（意識的，無意識的）などからできており，世界にまったく同じフィルターは存在しません。自分と相手の持つフィルターの特徴と違いを理解し，それを尊重することがコミュニケーションの本質といえるかもしれません。

1-2　ビジネスにおけるコミュニケーションの重要性

　ビジネス・コミュニケーション能力が身につくと，就職でも有利です。経団連の「2016年度新卒採用に関するアンケート調査結果」から，企業が新卒学生に求める能力の1位は13年連続で「コミュニケーション能力」でした。経済同友会が2015年4月に発表した報告では，「これからの企業・社会が求める人材像と大学への期待」について以下の3つのポイントが示されています。

(1) 企業が求めるコミュニケーション能力とは対話力であり，企業内外の公の場で，上司や部下，同僚，あるいは顧客等，相手の主張を正しく理解して円滑に対話できる力で，そこで臆することなく自らの考えを明確に述べ，説得することができる力であり，交渉力も含まれる。
(2) 営業職はもちろんのこと，技術職であっても，一人で仕事が完結することはありえないため，時には意見が違う相手の協力も得て仕事を進めていかなければならない。
(3) 円滑なコミュニケーションを図るためには，個人として信頼される人間力の豊かさ，価値観の異なる相手と相互に認め合い，学び合う姿勢（協調性），相手を良く理解して自己の考えを明確に伝えるための知識や教養が不可欠である。

　ビジネス・コミュニケーション能力が身につくと，年収も上がります。ハーバード・ビジネス・スクールが行った「対人関係スキル」の重要性の研究によると，ハーバードを卒業した学生のうち，対人関係を築くコミュニケーション能力のある人と，ない人が，どのくらいの報酬を得ているかの追跡調査を行った結果，コミュニケーション能力のある人は，ない人の1.85倍の年収を得ていたことがわかりました。また，人材会社，エン・ジャパン株式会社が行った，ミドル層の転職後の出世・年収の調査によると，転職を機に年収が上がった人が50％，変わらないが21％，下がったが29％というデータが出ました。一方で，管理職候補として転職したものの，年収アップ（出世）できなかった人に共通するのは，「コミュニケーション能力が低い」が59％で最も多かったそうです。
　また，急激に増加している訪日観光客や企業の国際化に対し，多様な人々に対応するコミュニケーション能力がますます必要とされます。単に語学力ではなく，国籍の異なる相手の価値観や文化を受け入れ，相手のフィルターにあったメッセージを伝えていく力を鍛えることにより，グローバルという大きな世界で活躍する機会が手に入るのです。

演習 1-1

あなたにとってコミュニケーションとは何ですか？
あなたがコミュニケーション能力を身につけることで達成したい目標を考えましょう。

1-3 あなたのコミュニケーションのくせを診断する

演習 1-2

次の 15 の質問項目について，あなた自身について 5 段階で，客観的に，ありのままに，素直に答えてください。

〈選択肢と点数〉

（1．そうでない　2．ややそうでない　3．どちらともいえない　4．ややそうだ　5．そうだ）

〈質問項目〉

質問内容	点　数
1．あなたは行動を起こす時，やる気を自分で高めることができる	
2．あなたは相手の話を最後まで聴こうとするほうである	
3．あなたは話を聴いてくれない人に「聴いて欲しい」と言えるほうである	
4．あなたは相手の行為や出来事を非難がましくなく伝えることができる	
5．あなたは周りの人から良く相談を持ちかけられる	
6．あなたは相手から言われたことを素直に受け取るほうである	
7．あなたは自分自身に自信を持っている	
8．あなたは自分の考えとは違っても相手の考えを理解しようとする	
9．あなたはいやな気持ちを長く引きずらないほうである	
10．あなたは自分のことを相手にわかりやすく的確に伝えることができる	
11．あなたは人と接する時は誰に対しても興味を持つほうである	
12．あなたは自分の考えを相手に配慮して素直に伝えることができる	
13．あなたは相手の長所を認めたり，褒めたりするほうである	
14．あなたは自分の感情を抑え，相手の気持ちにあわせることができる	
15．あなたは相手の長所を言葉にして伝えることができる	

〈コミュニケーションのカテゴリーの集計〉
点数を下記に転記し，カテゴリーごとに小計を出し，総合点を計算する。

カテゴリーと質問項目	点　数
A．ストローク能力	小計　　/15
3．あなたは話を聴いてくれない人に「聴いて欲しい」と言えるほうである	/5
6．あなたは相手から言われたことを素直に受け取るほうである	/5
13．あなたは相手の長所を認めたり，褒めたりするほうである	/5
B．信頼関係（ラポール）形成能力	小計　　/15
5．あなたは周りの人から良く相談を持ちかけられる	/5
7．あなたは自分自身に自信を持っている	/5
15．あなたは相手の長所を言葉にして伝えることができる	/5
C．リスニング（傾聴）能力	小計　　/15
2．あなたは相手の話を最後まで聴こうとするほうである	/5
8．あなたは自分の考えとは違っても相手の考えを理解しようとする	/5
11．あなたは人と接する時は誰に対しても興味を持つほうである	/5
D．感情コントロール能力	小計　　/15
1．あなたは行動を起こす時，やる気を自分で高めることができる	/5
9．あなたはいやな気持ちを長く引きずらないほうである	/5
14．あなたは自分の感情を抑え，相手の気持ちにあわせることができる	/5
E．メッセージ（伝達）能力	小計　　/15
4．あなたは相手の行為や出来事を非難がましくなく伝えることができる	/5
10．あなたは自分のことを相手にわかりやすく的確に伝えることができる	/5
12．あなたは自分の考えを相手に配慮して素直に伝えることができる	/5

〈コミュニケーションのカテゴリーのグラフ化〉
カテゴリーごとに小計を出した点数を，下記のグラフに書き込んでください。

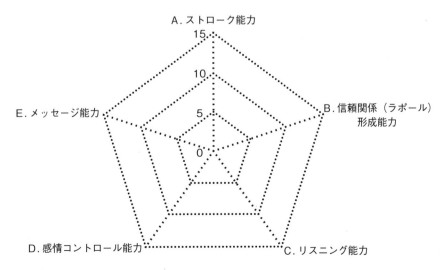

演習 1-3

5つのカテゴリーのバランスから，あなたのコミュニケーションのくせや課題を見つけてみましょう。

1-4　この章のまとめ

　ビジネス・コミュニケーション能力は，企業や社会で最も求められている能力です。コミュニケーション能力を向上させるということは，相手の価値観を理解し，尊重しながら自己の考えを明確に伝えることが本質となります。そのためには，言葉のやりとり（ストローク），信頼関係（ラポール）形成，リスニング（傾聴），感情コントロール，メッセージ（伝達）能力などをバランスよく高めていくことが重要となります。

第2章

他者に対する働きかけ〜ストローク〜

2-1 ストロークとは

　みなさんは，スポーツでストロークという言葉を聞いたことがあるかもしれません。テニスや卓球，ゴルフなどで，ストロークとは「一打，一振り」のことを言います。水泳やボートの「一掻き，一漕ぎ」などでも使います。テニスや卓球で，打ち合いを「ストローク合戦」などと表現することもあります。コミュニケーションにおけるストロークとは，相手の存在を認め，言語（言葉がけ）非言語（身体的な接触，しぐさ）を使って自分から相手に働きかけることです。これは心理学用語のストロークと同じ意味です。コミュニケーションのストロークもある意味，テニスの打ち合いや野球のキャッチボールに類似していると言えるのではないでしょうか。

演習 2-1

相手の存在を認め，自分から相手に働きかける「ストローク」の反対の意味を持つ言葉を考えましょう。

解説 2-1

「ストローク」の反対の意味を持つ言葉として「無視」，「無反応」，「拒否」などがあります。

演習 2-2

（1）言葉がけ（言語），（2）身体的な接触（非言語），しぐさ（非言語）を使って「ストローク」の例を作ってください。

解説 2-2

（1）廊下で相手に「こんにちは」と挨拶すると，相手も「こんにちは」と返してくれた。
（2）赤ちゃんが泣いたので，抱きあげて，おしりをさすってあげた。
（3）交差点の向こうで相手が手を振ったので，私も笑顔で大きく手を振った。

2-2　ストロークの仕組み

ストロークは大きく分けると，肯定的・否定的ストロークと条件付き・無条件ストロークに分類することができます。

(1) 肯定的・否定的ストローク

・肯定的ストローク

ほめる，励ます，ねぎらう，許す，うなずく，ほほ笑む，関心を持つ，撫でる，ハグする，握手するなど

・否定的ストローク

けなす，邪魔をする，軽蔑する，つねる，にらむ，見下す，殴る，無視するなど

(2) 条件付き・無条件ストローク

・条件付きストローク

相手の業績や行為と引き換えに与えられるもの

・無条件ストローク

相手の業績や行為に無関係で，その人の存在や人格そのものに対して与えられるもの

	肯定的ストローク	否定的ストローク
条件付き	勉強ができれば，あなたを認めるよ	勉強ができないあなたは認めない
無条件	何をしようが，あなたを認めるよ	何をしようが，あなたを認めない

肯定的な言葉を伝えているのに，うまく伝わらないと思う人は，条件付き肯定的ストロークの言葉を使っていることがよくあります。

条件付き肯定的ストロークの言葉，
  「～したら，良い人なのに」
  「～できたら，すてきな人なのに」
は肯定的な言葉のようですが，これでは相手の承認欲求は満たせません。

そんな時は**無条件の肯定的ストロークの言葉，**
  「あなたって本当に良い人だね」
  「できてもできなくても，あなたはすてきな人だわ」
を相手に伝えてみましょう。相手の心の中に自己重要感が生まれます。

演習 2-3

あなたが今まで受けたり，与えてきたストロークの中で最も多いのはどの種類ですか。
それを無条件の肯定的ストロークの言葉に言い換えてみましょう。

2-3 ストロークの実践

ストロークを実践するにあたり，以下の前提を理解しておきましょう。
(1) 肯定的なストロークを相手に与えると，相手からも肯定的なストロークが戻ってきます。
(2) 肯定的なストロークを受ければ受けるほど心は安定してきます。
(3) 肯定的なストロークが不足してくると，人は心が不安定になり，否定的ストロークでもいいから，求め始めます。そしてこの状況は肯定的なストロークを与えられるまで続きます。

【事例】否定的ストロークを求めた弟

兄は成績優秀で，いつも親からほめられ，肯定的ストロークをたくさんもらっています。
弟の成績はあまり優秀でなく，肯定的ストロークを十分にもらえていません。
弟は肯定的ストロークに渇望し，もらえないならば，否定的ストロークでもいいからと欲しがり，

・親に反抗してキレる
・髪を金色に染める
・非行に走る
・学校で問題を起こす
・病気になる
・引きこもりになる
・おねしょをする
・指しゃぶりを始める

という行動に出て，親から叱られたり，説教されたりと，否定的なストロークをもらい，親の注意を引き付けることで自己重要感が高まります。
人間は，その集団欲のため，ストロークが得られないと生きていけません。肯定的ストロークが得られなければ，せめて否定的ストロークを得ようとするのです。

ストロークを実践するにあたっては，以下のように無条件の肯定的ストロークをどんどんとお互いにやり取りすることが大切です。

(1) あなたが感じた肯定的ストロークは素直に相手に与える
(2) あなたが欲しいと感じたストロークは素直に相手に質問で要求して受け取る
(3) 肯定的なストロークは素直に受け取る
(4) 否定的なストロークはその理由を質問しながら客観的に受け取る
(5) 肯定的なストロークが不足したら，自分で自分に肯定的なストロークを与える

肯定的なストロークは，下記を参考にして自分でも作りだめなどしておくといいでしょう。

【文例】
・（子どもの行いとは関係なく）子どもを抱きしめる
・「あなたがいるだけで，私は幸せよ」
・「どんな時のどんなあなたも愛しているよ」
・いつもやさしく微笑みかける
・いつも挨拶の言葉をかける
・反抗してくる相手の話を，さえぎらずに聴く
「おはよう，こんにちは，また明日！」
「ありがとう，助かったよ，ごめんね」
「何かいいことあった？ なにがすきなの？ 一緒にご飯を食べようよ」
「生まれてきてくれて良かった」
「できてもできなくても，あなたを認めるよ」
「あなたがいてくれるだけで，幸せ」

2-4　この章のまとめ

　ストロークは，条件付き・無条件ストロークと肯定的・否定的ストロークの組み合わせです。
　無条件の肯定的ストロークの言葉は，相手に自己重要感を感じさせ，信頼関係の形成に役立ちます。

第3章
信頼関係（ラポール）の形成

3-1 ラポール形成のカギ，自己重要感と承認欲求

　相手とより良いコミュニケーションをするためには，相手とより良い信頼関係を築くことが必要となります。心理学では「お互いの信頼関係が形成されている」という意味で，ラポールという言葉が使われています。近年ではラポール形成が注目されるようになりました。ラポールのポイントのひとつは「人と人との間が快適な心の通い合った心理状態」にあることが挙げられます。

　それでは，お互いに快適な心理状態を作るためにはどうすれば良いのでしょうか。人間は，欲求が満たされると快適な心理状態になります。人の欲求には食欲，性欲，睡眠欲などがありますが，一番強い欲求は集団欲です。集団欲とは群居本能とも呼ばれており，自分がメンバーのひとりとして認められたいという欲求です。子供の頃にふれ合えていないと，大人になってからふれ合いを求め続けたり，独りぼっちになることがとてもつらく感じられたりします。

　人は自分のことを価値ある存在だと思っていたい，これを心理学では自己重要感と言います。そして，他人からも自分のことを価値ある存在だと認めて欲しい，これを心理学では承認欲求と言います。お互いの存在を認め合うことにより，自己重要感と承認欲求を満たし，お互いに快適な心理状態，すなわちラポールを形成するのです。

3-2 自己重要感を満たすことの意味

　お互いの存在を認め合い，お互いに快適な心理状態を作るためにも，まずは自分自身が持つ自己重要感と承認欲求について理解することが重要です。

演習 3-1

次の質問を読んで，自分に当てはまる質問の欄に〇を記入してください。

質　問	当てはまれば〇を記入
1．だいたいにおいて私は自分に満足している	
2．時々，私はまったく駄目な人間だと思うことがある	
3．私にはいろいろ良いところがあると思う	
4．私は物事を人並みにはうまくやれると思う	
5．私は何かにつけて自分は役に立たないと思うことがある	
6．私は自慢できるところをあまり持っていない	
7．私は少なくとも他の人たちと同じように生きる価値はあると思う	
8．私は自分自身を大切に尊重していると思う	
9．結局のところ私は他の人より劣っていると思う	
10．私はいつも自分自身を積極的に生かしている	

記入した〇の数を集計してみましょう。
- 1，8，10の〇の数（　）から2，5の〇の数（　）を引く ⇒ 受容のスコア（　）
- 3，4，7の〇の数（　）から6，9の〇の数（　）を引く ⇒ 評価のスコア（　）

　受容のスコアがプラスになったあなたは，自分自身を受け入れて，承認欲求を満たしている人です。評価のスコアがプラスになったあなたは，自分自身をどれだけ価値ある存在だと思っているかという自己重要感を感じています。相手の存在を認め，信頼関係（ラポール）を形成するためには，承認欲求を満たし，自己重要感を高めることが大切です。しかし自分だけで満たし，高めることには限界があります。人間は集団欲があるので，他人に自分の存在価値を認めてもらうことで承認欲求が満たされ，さらに自己重要感が高まるのです。受容や評価のスコアがマイナスでも大丈夫です。本書を読んでいくと，どのように承認欲求を満たし，自己重要感を高めていくか理解が深まるはずです。

演習 3-2

いままでの人生の中で，あなたが他人から承認されて嬉しかったことや自己重要感を感じてやる気になったこと，あるいはその逆の経験を書き出してみましょう。

3-3　相手の自己重要感を満たすスキル

　相手の自己重要感を満たすリスニングスキルには，第4章と第5章でやる積極的傾聴法（アクティブ・リスニング）のスキルと反映的傾聴法（リフレクティブ・リスニング）のスキルがあります。また，相手の自己重要感を満たすメッセージのスキルには，第8章でやるあなた（YOU）メッセージのスキルとわたし（I）メッセージのスキルなどがあります。

3-4　この章のまとめ

　相手とより良いコミュニケーションを取るためには，相手との信頼関係の形成が必要になります。そのためにはお互いの価値を尊重し，相手の承認欲求や自己重要感を満たすことが大切になるのです。

第4章

積極的傾聴法(アクティブ・リスニング)のスキル

4-1　アイコンタクト，うなずき，あいづち

　コミュニケーションはまず，五感をすべて使って，相手の話を聞くことから始まります。傾聴は，相手の話しや考えをいったん受けとめて理解するスタンスを取りながら聞くことが大切です。たとえ同意はできなくても，相手の世界を理解することはできます。相手を理解するスタンスで，目を見て，うなずいて，あいづちをうつことで相手が心を寄せてくれるのです。相手の目を見ることによって，その人の話していることを大切に聞いていることが伝わります。しかし，凝視されることでストレスを感じたり，居心地が悪く感じる人もいますので，相手の様子をみながら，視線の先を見つけることが大事です。

　あいづちは「なるほど」がよく使われますが，こればかり使うと不自然になるので，あいづちの「基本のさしすせそ」をご紹介します。

> さ…さすが
> し…実力ですね，しらなかった
> す…すごい
> せ…絶対，センスいいですね
> そ…そうですよね，それで

　その他にも「うんうん」「ほー」「際立ってますね」など肯定的な言葉がけをすることもポイントです。

演習 4-1

ペアを組み，次の2回のエキササイズをします。
（1回目）
Aさん：好きなこと（趣味，仕事，今日起こったことなど）を話す。
Bさん：アイコンタクトをせず，うなずかず，あいづちをうたない
役割を交代する。

（2回目）
Aさん：好きなこと（趣味，仕事，今日起こったことなど）を話す。
Bさん：アイコンタクトをする，うなずく，あいづちをうつ
役割を交代する。

お互いに感じたことを話し合う。

4-2　マッチング＆ミラーリング，バックトラッキング

　人間の本能や生命維持をつかさどる「脳幹」は，似ているものは味方，異なるものは敵として，生命の維持に最も重要な「本能」に指令を出しているそうです。
　相手のしぐさや口調などに自分も合わせることを，マッチング＆ミラーリングと言います。
　相手が「自分と同じ」と思い，好意や親近感，安心感を自然と作り出す効果があります。
　この効果を活用することにより，短期間で信頼関係を築きやすくします。
　相手の動作やしぐさ，姿勢などを鏡に映すように真似ることをミラーリングと言い，合致させることをマッチングと言います。
　マッチングとミラーリングの違いは，相手が右手を上げた時，自分も右手を上げるのがマッチング，鏡に映っているかのように自分の左手を上げるのがミラーリングです。
　露骨な真似は相手に気づかれると気持ち悪がられて，嫌われるので，呼吸のリズムを足でマッチングするなど，気づかれないようにやることが必要です。
　例えば，相手がトントンと指で机を叩いたら，こちらはリズムに合わせ足で床をタップするという具合です。さりげなく呼吸を合わせるのも効果的です。
　マッチング＆ミラーリングは「見た目，表情，しぐさ，視線」などの視覚情報に加えて「声の質，話す速さ，声の大きさ，口調」などの聴覚情報も対象になります。
　マッチング＆ミラーリングをしながら，あなたの意見を一切入れずに相手の言った言葉を反復・要約すると，さらに信頼関係が構築しやすくなります。この反復・要約のことをバックトラッキングと言います。
　バックトラッキングには「相手の使った言葉を反復する方法」と「相手の話を要約する方法」の2つの方法があります。以下にその例を示します。

> (1) 相手の使った言葉を反復する方法の例
>
> (相手の会話)「私はカナダに出張してきました。」
> (事実を反復)「カナダに出張してきたのですね。」
>
> (相手の会話)「今回の出張はすごく充実していました。」
> (感情を反復)「出張はすごく充実していたのですね。」

> (2) 相手の話を要約する方法の例
>
> (話を要約)「要するに〇〇ということですね。」
> 　　　　　「□□という理解でよろしいですか。」

4-3　積極的傾聴法の実践

営業における実践例です。

(1) お客様が話しやすい空気感をつくる
- 思いやりが伴う心からの笑顔は，人の心を開きます。笑顔で広角を上げると，自分も明るくなります。
- アイコンタクトをとり，うなずいたり，あいづちをうったり，耳だけではなく体全体でしっかり相手の話を理解し，受けとめます。

(2) 聴くことに専念する
- 先入観を持たずに聴きます。思い込みや先入観は，事実を把握するために大きな障害となります。
- 結論や判断は，お客様がすべて話し終えた後に出すことが重要です。急いで誤った結論を出さないように注意が必要です。
- 相手の話を遮ることは，相手の存在を無視した礼を欠く態度と言えます。最後まで，話を聴きましょう。
- 話を聴くことは，話すことよりもエネルギーがいる行為です。相手に思いやりを持って辛抱強く聴き続けることで，それが強力な力となります。
- うまくいったかどうかは，お客からのフィードバックからでしかわかりません。お客様から「〇〇さんは，本当に良く話を聞いてくれるね。」，「〇〇さんになら，本音で話せる。」と言われるようになったら積極的傾聴法が成功していると思ってください。

演習 4-2

ペアを組み，次の2回のエキササイズをします。
（1回目）
Aさん：好きなこと（趣味，仕事，今日起こったことなど）を話す。
Bさん：マッチング＆ミラーリング，バックトラッキングを使わない。
役割を交代する。

（2回目）
Aさん：好きなこと（趣味，仕事，今日起こったことなど）を話す。
Bさん：マッチング＆ミラーリング，バックトラッキングを使う。
役割を交代する。

お互いに感じたことを話し合う。

演習 4-3

ある日，あなたは会社のカフェテリアでコーヒーをテイクアウトしました。ふと振り返ると，隣の課にいる同期入社のAさんが元気なさそうにため息をついています。あなたがAさんに「なんか元気ないね。もしよければ話を聞くよ。何か力になれればいいのだけれど。」と声をかけたところ，Aさんがぽつりぽつりと話し始めました。次の会話から，あなたがすべき積極的傾聴法を a, b, c の中からひとつ選んでください。

（Aさん）
「なんか最近，朝起きると会社に行くのがおっくうで…」

（あなた）
(a)「まあ，会社人生は好不調があるのでそんな時もあるもんだよ。」
(b)「給料もらってんだから，会社に来たくないのは問題だな。」
(c)「最近，会社に来るのがいやな理由があるんだね。」

（Aさん）
「そうなんだ。うちの課にどうしても相性が合わない先輩がいて大変なんだ。」

（あなた）
(a)「相性の合わない人と一緒に仕事をするのは大変だよね。」
(b)「相性の合わない人とは距離を置くと楽だよ。」
(c)「そんなことは組織では当たり前なので気合で乗り切ろうよ。」

（Aさん）
「佐藤さんと一緒にする仕事が定時に終わらないと，急にイライラするんだ。」

(あなた)
(a)「佐藤さんは仕事が早くていい先輩だと思うよ。」
(b)「佐藤さんは仕事が残業時間に入るとイライラするんだね。」
(c)「佐藤さんにあまり気を使わなくていいんじゃない。」

(Aさん)
「そういえば，一度，定時に仕事が終わった時は，佐藤さん，機嫌がよかったな。」

(あなた)
(a)「まあ，先輩の機嫌なんてコロコロ変わるものだから気にしない，気にしない。」
(b)「佐藤さん，いいとこあるよ。いい先輩じゃん。」
(c)「佐藤さんは定時で仕事が終わると満足するんだね。」

(Aさん)
「佐藤さんは，何か残業するのが難しい理由があるのかもしれないな。」

(あなた)
(a)「それって考えすぎじゃないの？ あんまり考えすぎると体に良くないよ。」
(b)「佐藤さんが残業できない理由があると思うんだね。」
(c)「佐藤さんも人間だから残業したくないときもあるんだろ。」

(Aさん)
「ちょっと今度，佐藤さんに残業できない理由を聞いてみようかな。」

(あなた)
(a)「佐藤さんに残業できない理由を聞いてみるんだね。」
(b)「聞くのはいいけど，あまり深入りすると後に引けなくなるよ。」
(c)「佐藤さんは個人的なことはきっと話さないと思うよ。」

(Aさん)
「もしそれが原因だったら，残業をしないように業務分担すればいいかも。」

(あなた)
(a)「先輩に業務分担を言うのって，難しいんじゃない？」
(b)「残業をしなくていいほど仕事は少なくないよ。」
(c)「なるほど，残業が発生しない業務分担をすれば，問題は解決する可能性があるね」

(Aさん)
「なんか，ずいぶん気が楽になってきたなあ。話して良かったよ。ありがとう。」

(あなた)
「どういたしまして。問題がうまく解決して，気持ちよく仕事ができるようになるといいね。」

4-4 この章のまとめ

　積極的傾聴は，主に相手が悩んでいる時の聴き方です。このスキルを身につけるためには，日々の継続的な実践が必要になります。積極的傾聴はもともと，心理カウンセリングが発祥ですので，意識して続けていくと，本章の事例にある営業力を高めるだけでなく，あなた自身にも良き人間関係など前向きで豊かな人生を与えてくれます。

第5章
反映的傾聴法（リフレクティブ・リスニング）のスキル

5-1　共感の意味

　共感（empathy）とは，相手の立場に立って，相手が考え，思い，感じていることをいったん受けとめ，理解することを言います。相手が悲しい思いを持っている時は，自分も悲しい感情を持つのです。これは人間の本能であり，脳科学的には，ミラーニューロンが共感細胞として共感に影響を与えます。ミラーニューロンは，自分の身体のある動きに関わる神経細胞が，他人の身体の同じ動きを目で見た時でもまったく同じに活動する神経細胞のことをさします。
　例えば，赤ちゃんが笑うとお母さんも笑う，ドラマのヒロインがつらくて涙を流すと視聴者もつらく感じて涙を流す，スポーツを見て興奮すると自分の身体も動く，みんなが笑うと自分も笑う，相手が自分に好意を寄せると，自分も相手に好意を寄せるなどがあります。ミラーニューロンは，鏡（ミラー）のように他人の行動を脳内で表象する働きを担っているのです。友人になるきっかけは「何となく」であることが多いのですが，「何となく」の本性は，共感性になるのです。一方，共感に似た言葉で同調（conformity）がありますが，同調は共感とは異なります。同調は，相手の態度や意見に順応していくことを言います。同調とは，自分の意見を曲げて，相手に合わせるため，お互いの意見が対立した時は同調はできませんが，共感はできるのです。

5-2　反映的傾聴法（リフレクティブ・リスニング）の実践

　心理学者のカール・ロジャースによれば，相手が自分の言葉で，自分の話したいように話すときに，最もカウンセリングの効果が上がったことから，相手が話し，感じたことをくみ取りながら，共感を言葉で繰り返すことで，相手自身が自分の考えや気持ちを振り返り，整理することができるのです。

　例えば，相手が「試験に落ちちゃったの。」と言った場合，「試験に落ちた」という言葉の背景には悲しい，落胆，残念，くやしい，自信喪失など，いろいろな思いや感情があるはずです。
　相手のその気持ちをくみ取りながら，共感を「残念だね。」，「くやしそうだね。」などの言葉で表します。

演習 5-1

飲食店で接客を担当している後輩が，閉店するなり，こう話し始めました。
「今日，接客した客の文句がすごくて心が折れちゃったよ。この先やっていけるかな。」
あなたはこの後輩に，どんな言葉がけをしますか？

演習 5-2

夕方，会社の自動販売機でコーヒーを買ったあなたの後ろで，コーヒーを買った同期のAさんがため息をつきました。心配になったあなたは，Aさんに声をかけます。
あなたがすべき反映的傾聴法（リフレクティブ・リスニング）に該当する選択肢をa,bのどちらかから選んでください。

（あなた）
「なんか悩んでいるように見えるけど，もしよかったら話してみない。話をすることで気持ちが楽になるかもしれないよ。気が向いたらでいいのだけれど。」

（Aさん）
「3年目になるのに，なかなか営業数字が上がらなくて，毎月の営業報告，気が重いんだ。」

（あなた）
(a)「そうか，営業が伸びないので，報告するのにプレッシャーを感じるみたいだね。」
(b)「わたしも営業成績が上がらない時はすごく気が重くなるよ。」

（Aさん）
「プレッシャーを感じることでやる気が出ればいいのだけど，売り上げをあげる方法に行き詰まっているんだ。」

（あなた）
(a)「まあ，よくあることだから，あまり深刻に考えないほうがいいと思うよ。」
(b)「なるほど，プレッシャーもあるけれど，売り上げをあげる方法が見つからないことが問題みたいだね。」

（Aさん）
「問題は，今のルートセールス先が市場の変化に合っていないかもしれないんだ。」

(あなた)
(a)「ふーん，ルートセールス先に何か問題があるかもしれないみたいだね。」
(b)「それって，問題なのかなあ。」

(Aさん)
「うん，だから売り上げが大きく下がってしまったルートセールス先にヒアリングする必要があるかもしれないな。」

(あなた)
(a)「ヒアリングすることで，今のルートセールス先がどう市場の変化に合っていないかについて原因を探るみたいだね。」
(b)「ルートセールス先にヒアリングしても，なかなか教えてくれないと思うよ。」

(Aさん)
「そうなんだ，そうすれば今のルート先が抱えている問題が改善できるかもしれないし，市場の変化に合った新たな販路についても考えるヒントになるかもしれないなあ。」

(あなた)
(a)「現在のルートの改善と新たな販路の開発をするためのヒアリングみたいだね。」
(b)「新たな販路は本当に必要だと思ってるの？」

(Aさん)
「そうそう，その通り。やることが見えてきたら，なんかやる気が湧いてきたな。」

(あなた)
(a)「頑張れば乗り越えられない壁はないので，気合で乗りきってね。」
(b)「まずは売り上げが大きく下がっているセールス先を特定して，計画的に訪問して，ヒアリングして，問題の改善や新規販路の開発をするみたいだね。」

(Aさん)
「ありがとう，なんかすっきりした。次回の営業報告会で，この施策についても報告してみますね。」

5-3 この章のまとめ

　リフレクティブ・リスニングは，相手の気持ちをくみ取って，その共感の気持ちを〇〇みたいだねという言葉で返します。

第6章

感情のコントロール

　コミュニケーションにおいて感情コントロールは，信頼関係の構築に大きな影響を与えます。
　人は健全な人間関係が築けなくなると，その解消されなかった感情を自分の内側にためこみストレスになり，時には身体にまでも悪影響を与えます。
　「悲しみ」を感じているとき，人は失ったもの，傷ついたことにとらわれ，無力感を感じ，助けてくれる人を探します。「恐れ」を感じているとき，人は失うもの，傷つくことを考えて，前に踏みださずに自分や周囲を守ることを考えます。「怒り」を感じているとき，人は相手を恨み，仕返しすること，代償を払わせることに取りつかれ，自分や周囲にとって破壊的な行動をとろうとします。
　こうした感情は，単にあなたが頭の中で作り上げ，感じているだけのことであって，実在はしていません。本章では，そんな感情とどう向き合うべきなのかについて取り上げます。

6-1　感情のコントロールの定義と必要性

　感情のコントロールとは，まず自分が恐れや怒りなどのネガティブな感情にとらわれていることに気づき，受け入れます。そして，その感情の原因になっている自分の思い込みを確認し，必要があればいろいろな見方をしながら思い込みを修正します。そしてネガティブな感情を手放します。
　このように冷静に自分の感情をコントロールできるようになると，ストレスが軽くなり，心身の健康や良い人間関係を維持することができるのです。

6-2　感情をコントロールする方法

　感情をコントロールする方法として，次の3つのステップがあります。

> (1) ステップ1：
> 　その出来事に対しての自分の感情に気づき，受け入れます。
> 　あたかもテレビドラマを見ているかのように，一歩引いた視点から自分と自分を取り巻く環境を客観的に，冷静に見る。これだけで感情をコントロールできる人もいます。

(2) ステップ2：
その出来事に対しての自分の受け止め方をチェックし，感情の原因になっている自分の思い込みを確認します。思い込みには「世の中がすべてそうであるかのような物事の一般化」や「よいことは何もなかったかのようなマイナス思考」などがありますが，この思い込みについては，第9章のコミュニケーション・ギャップで詳しく解説します。

(3) ステップ3：
必要があれば，いろいろな見方をしながら思い込みを修正します。そしてネガティブな感情を手放します。例えば，一般化に対しては「例外なく，世の中がすべてそうなのですか？」，マイナス思考に対しては「よいことは何もなかったのですか？」というように自問自答をしながら，違う視点から同じ問題を見つめてみることです。それが一瞬の出来事でもかまいません。「思い込みのパターン」にとらわれた状態から，一瞬でも解放されることに意味があるのです。

6-3　感情のコントロールの実践

それでは，感情をコントロールする方法として，次の3つのステップを実践する例を見ていきましょう。

【事例】
取引先のBさんと待ち合わせをしたA君の事例です。待ち合わせ時間から30分たっても，Bさんは現れません。Bさんにメールをしても返事がありません。A君はすっかり落ち込んでしまいます。なぜならばBさんに嫌われてしまい，商談も失敗したと思ったからです。

(1) ステップ1：
A君の客観的な現実は，Bさんが待ち合わせ場所に現れないことと，メールに返信がないことだけです。

(2) ステップ2：
ステップ1だけでも，A君は感情から解放される場合もあります。しかし，A君が子供の頃から慢性的に「自分はみんなに嫌われてしまう。」という思い込みとともに生きてきており，「返信が来ない」という現実を見て「今度も嫌われた」と落ち込むのであれば，意志の力だけで「いや，ちがう」とはねつけることはとても困難です。

(3) ステップ3：
いろいろな見方をしながら思い込みを修正します。「自分は例外なく，みんなに嫌われてきたのかな？」などとA君が自問自答すると，まんざらそうでもない気がします。「きっと忙しくて返事できないだけだよ」とポジティブに考え始めると，ポジティブの感情が生まれ，多少穏やかになってくるのです。

演習 6-1

あなたが不安になったり，怒ったりした「ネガティブな感情体験」について，下記の3つのステップに従って検証してください。

(1) ステップ1：
それはどのような出来事で，あなたはどのような気持ちになって，どのような行動をとりましたか？

(2) ステップ2：
その時，あなたは出来事に対して，どのような受け止め方をしていましたか？

(3) ステップ3：
その出来事に対して別の受け止め方をするならば，どのような考え方・受け止め方があるでしょうか？

6-4 怒りの感情のコントロール

　怒りが爆発したり，怒って余計なことを言ってしまい相手を傷つけたりする，怒りの感情のコントロールです。これはアンガーマネジメントとも呼ばれます。そもそも人は，反射反応のように自動的には怒りません。怒りの感情は「第二感情」と呼ばれています。実は，怒っている人は，必ずその前に「本当の気持ち」が浮かんでいます。これを「第一感情」と言います。

　たとえ怒りの感情を伴って衝動的に言い返すような人でも

（第一段階）誰かがあなたに対して何かを言う。
（第二段階）あなたはそれが何を意味しているのかを考える。
（第三段階）あなたは考えた結果，自分を侮辱していると受け取り，怒りの感情が生まれる。
（第四段階）怒りの感情に支配され，怒りを晴らすために，相手に対して言い返す。

というようにいくつかの段階を踏むのです。したがって私たちはその段階の途中で，衝動をコントロールできるチャンスがあるのです。以下は，衝動的な怒りが起こった時の効果的な対処法です。

(1) ストップシンキング法：
　心の中で自分に向かって「ストップ」,「ちょっと待て」,「とまれ」,「落ち着け」と言います。そして，相手がそう言ったことの理由や原因，この先の対応なども含めて「一切のことを考えません。」このように頭の中に空白を作ることで，反射的に何かを言ったり，したりすることを遅らせる，または止めることができるようになります。

(2) カウントバック法：
　100 から 3 ずつ引いていく逆算（カウントバック）を頭の中で行います。そうして頭を怒り以外のものに集中させるため，頭の中をちょっと手のかかる計算で埋めるのです。

(3) リラクゼーション法：
　何も考えずに，深くゆっくりと大きな深呼吸をしたり，「大丈夫，なんとかなるさ」などとつぶやくなどリラックスできることをします。

(4) タイムアウト：
　怒りを感じている場所や対象から離れる，物理的な距離を取ることで，頭を冷やすのです。

(5) 文書化する：
　メールでのやり取りなど時間的に余裕があれば，対象となる出来事や自分の考えを書き出します。文章に書くことで状況や感情を客観視し，整理することができます。考えをまとめてから文書化しようとせずに，思いのままに書いてみます。

　そして，頭を冷やし，冷静になったところで相手に対して「怒りの原因になった客観的事実」,「それに対する自分の気持ち」,「相手への提案」を相手に伝えます。

6-5　この章のまとめ

　怒りの感情のコントロールは，冷静にその感情に気づき，受け入れ，原因になる思い込みを確認し，修正します。

第7章
質問による他者理解のスキル

7-1 質問の基本

　質問の基本プロセスは，まず，相手の話の内容，話している時の表情やしぐさに共感して受けとめる。そして，受けとめた内容を言葉にして，共感をもって応答する。最後に，相手の話の内容に寄り添って質問する一連の流れです。

7-2 クローズドエンド型とオープンエンド型の質問

(1) クローズドエンド型の質問
　相手がYes/Noや一語で答えられる質問方法です。相手の答えを絞り込んでいく。相手の決断を促し，確認を取る時に使われます。メリットは，答えやすいため相手に安心感を与えることができます。初対面の時など，「いい天気ですね」，「スポーツはお好きですか」のように相手の好みや趣味を聞くときに便利です。クローズドエンド型の質問によって，自分と相手の基準が同一であることがわかると，ラポールを構築しやすくなります。ただし，クローズドエンド型の質問だけを続けると，話題が広がらずにすぐ会話が終わってしまうというデメリットがあります。

(2) オープンエンド型の質問
　相手がYes/Noや一言では答えられない質問方法です。5W3H いつ(When)，どこで(When)，誰が，誰と(Who)，何を(What)，なぜ(Why)，どのように(How)，いくら(How much)，いくつ(How many)，で掘り下げていく質問方法です。相手に自由に話してもらうことで，多くの情報を得ることができます。時には，相手の気づきを促すことができます。自由度が高い分，自分の考えをまとめないと回答できないことから，相手に負担をかけてしまうこともあるため，相手や状況によって使い分ける必要があります。

7-3　質問の実践

演習 7-1

ペアを組み，次のエキササイズをします。

Aさん：
好きなこと（趣味，仕事，今日起こったことなど）をクローズドエンド型の質問で聞く。

Bさん：
「はい」か「いいえ」で答える。

Aさん：
（Bさんの）反応を見ながら，Bさんの好きそうなこと（趣味，仕事，今日の出来事など）を「どうして」「なぜ」「どのように」「どうやって」などの表現で，オープンエンド型の質問で掘り下げて聞く。

Bさん：
「自由に自分の意見」を述べる。

終わったらば，AさんとBさんの役割を交換する。

7-4　この章のまとめ

　相手を理解するためには，本章で学んだ，クローズドエンド型とオープンエンド型の質問を使って，「相手の興味・関心・話したいこと・よく知っていること・得意なこと」を引き出します。そして，相手の話の中で，「疑問に思ったこと・言葉の意味」を確認します。最後に，「相手の置かれている状況・考え方・感じ方」を具体的に掘り下げることが重要です。

第8章

メッセージのスキル

8-1　あなた（YOU）メッセージのスキル

　（YOU）メッセージとは，主語が「YOU」，つまり「あなた」で始まるメッセージのことを言います。

　（YOU）メッセージの例としては

> （あなたは）がんばったな。
> （あなたは）よくやった。
> （あなたは）もっとできるはずだ。

などが挙げられます。

　（YOU）メッセージは，相手に対する憶測が入ります。例えば，自分は全然がんばっていないのに，「がんばったな」と言われると，「この人，全然わかってないな」と不信感や抵抗が生じます。このように相手の考えと自分の憶測が異なると，相手に一方的なメッセージを受けたという不快感を与えるので，（YOU）メッセージを使う際には注意が必要なのです。

8-2　わたし（I）メッセージのスキル

　（I）メッセージとは，主語が「I」，つまり「わたし」で始まるメッセージのことを言います。

　（I）メッセージの例としては

> （わたしは）期待している。
> （わたしは）感謝します。
> （わたしは）こう考える。

などが挙げられます。

　相手の言動が自分に対してどのような影響を与えたのかを，相手に伝えるのが（I）メッセージです。自分の気持ちを相手に伝えることは，慣れないと恥ずかしいものですが，（YOU）メッセージとは違い，

（Ｉ）メッセージは「自分の気持ち」を伝えるため，相手は否定のしようがありません。
（Ｉ）メッセージが作りにくい人は，次の公式を使うと比較的簡単に作ることができます。

図8.1 （Ｉ）メッセージを作るための公式

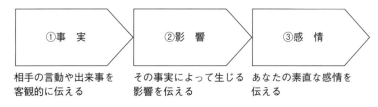

8-3 メッセージスキルの実践

演習8-1

次の表現を「（Ｉ）メッセージ」で言い直してください。

(1) 最近，遅刻しがちな部下に対して，
「最近，遅刻が多いな。たるんでいるんじゃないか？」と遅刻をやめて欲しい。

(2) 仕事の遅い部下に大切な仕事を任せる時に，
「絶対，この仕事は納期守れよ！ 君はいつも遅れるからな！」と指示する。

(3) 初めて広告枠を買ってくれた有名クライアントに，
「このたびは購入していただき，ありがとうございます！」とお礼を言う。

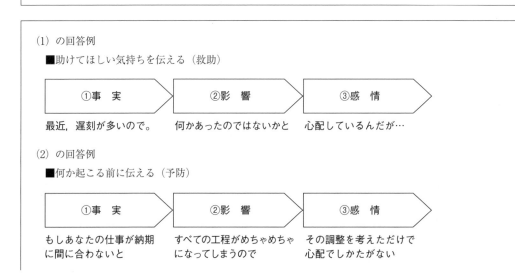

(3) の回答例
■ありがとうという気持ちを伝える（感謝）

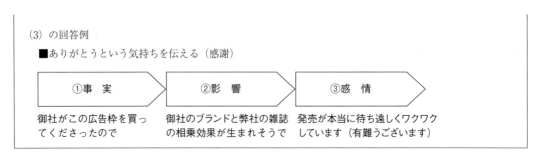

8-4　この章のまとめ

　問題が生じた時に，主語が「あなた」から始まる（YOU）メッセージを使うと，相手を非難する言い方となり，相手は攻撃されたと感じやすくなることがよくあります。

　そういう時は，自分はこう感じるという，主語が「わたし」から始まる（I）メッセージを使うと，自分の状況や気持ちを相手に伝えることになるので，誤解がある場合には，相手もその誤解を修正しやすくなるのです。

第9章
コミュニケーション・ギャップ

9-1　コミュニケーション・ギャップの原因

　コミュニケーション・ギャップの本質的な原因は，相手の価値観や思い込みを尊重せずに自分の価値観中心に物事を考えることです。相手の価値観や思い込みを理解するためには，第7章で行ったオープンエンド型の質問をしながら，相手からたくさんの情報を受け取ることが大切です。世の中にまったく同じ考えを持つ人間はひとりとしていないわけですから，自分と違う相手の価値観を理解し，自分や相手の思い込みを修正することで，信頼関係が構築でき，よりスムーズなコミュニケーションが可能になります。

9-2　価値観の理解

　相手の価値観を理解するための3つのコツを，お話ししたいと思います。
　まず最初に，価値観が合わないことは当たり前のことであることを，しっかりと認識することです。価値観の違いがあるからこそ世の中に多様性が生まれ，いろいろな議論をしながら発展していくわけです。価値観が合わないことは当たり前であると認識すれば，多少の価値観の違いは受け入れることができてきます。
　次に，価値観の合うところにも目を向けていきましょう。人はどうしても相手の価値観が違うところばかりが気になりやすいのですが，相手の価値観と似ているところにも目を向けて，相手の価値観全体を考えると，理解しやすく，受け入れやすくなるものです。
　そして最後に，話し合いによって，相手と一緒に新しい価値観を創っていきましょう。話し合いをすることで，自分の価値観と相手の価値観の合う点，合わない点が見えてきます。そして，妥協と進展を繰り返しながら新たな価値観を形成できれば，信頼関係もより深まり，コミュニケーションもさらに円滑になります。

9-3　思い込みの修正

　表9.1に，人が陥りやすい思い込みの10のパターンの内容と，思い込みをゆるめる質問をまとめました。思い込みはなかなか気づかないものなので，この表を見て，自分の置かれた状況について，自問自答をしてみると，思い込みに気づくヒントになります。相手の中にこの表の思い込みの傾向が見えたならば，相手にも質問をすることで，相手も思い込みに気づくきっかけになるでしょう。

表 9.1　人が陥りやすい思い込みの 10 のパターンと思い込みをゆるめる質問

パターン	内　容	質　問
（1）白黒はっきり	物事を白か黒どちらかひとつで考えようとします。少しのミスでも完全な失敗と考えてしまいます。	「本当に完全な失敗なのでしょうか？」「少しでもうまくいったことがあるとすれば，それは何だと思いますか？」
（2）一般化	たった一度のよくない出来事があると，「世の中のすべてがそうだ」と思い込みます。	「例外なく，世の中がすべてそうなのですか？」「どうして例外がないとわかるのですか？」
（3）ずっと，くよくよ	たった一度のよくない出来事があると，そのことばかりくよくよと考え続けます。	「他によいことはなかったのですか？」「いい出来事もあるようですが，それについてはどう思われますか？」
（4）マイナス思考	プラスが見えなくなり，何でもないことやプラスなことすらマイナスに考えてしまいます。	「よいことは何もなかったのですか？」
（5）心を読みすぎ	その人がどう思っているかを勝手に決めつけてしまいます。極端な結論に飛躍します。	「どうやって人の心が読めるのですか？」「どうしてそんな結論になるとわかるのですか？」
（6）謙遜タイプ	自分の短所を必要以上に大きく，長所を小さく考えます。他人の場合はその逆に考えます。	「このことであなたにとって，よいことはどんなことがありますか？」
（7）感情決めつけ	感情のコントロールができずに物事を決めつけてしまいます。	「あなたがそう感じる具体的な根拠は何ですか？」
（8）すべき，せねばならない	何かやろうとするときに「常識だから○○すべき」などの思考を持ちます。	「もしそうでなければ何が起きますか？」
（9）レッテル貼り	自分や他人に柔軟性のないイメージをつくり上げて，固定してしまいます。	「それは第三者が見ていたなら何と言うでしょうか？」
（10）自己責任タイプ	自分に責任がない場合でも自分のせいだと考えてしまいます。	「皆があなたのせいだと考える証拠は何ですか？」

演習 9-1

　2 人でペアになり，思い込みをゆるめてみましょう。

（1）A さんは B さんに，表から自分の思い込みのパターンを告げ，思い込みが起きたときのことを話す。

（2）B さんは A さんに，表から思い込みをゆるめる質問をする。

（3）いくつか思い込みのパターンをゆるめたならば，A と B の役割を交代する。

9-4　この章のまとめ

　思い込みには，やる気を高める思い込みやコミュニケーションに弊害をもたらす思い込みなどがあります。したがって，すべての思い込みは悪いものと決めつけて修正することも，ひとつの思い込みです。もし，相手とのコミュニケーションがしっくりいかない時は，まず，違う視点から同じ問題を見つめてみることです。それが一瞬の出来事でもかまいません。「思い込みのパターン」にとらわれた状態から，一瞬でも解放されることに意味があります。

第10章
アサーティブ・コミュニケーション

10-1　アサーティブ・コミュニケーションとは

　私たちは毎日，異なる考え方の人とコミュニケーションを取っています。そのような多種多様な人との交流において，相手への理解を深めることは非常に重要です。しかし，それと同時に，自分のことも相手に理解してもらう必要もあります。いつも相手ばかり尊重していると，ビジネスは成立しません。相手を尊重したうえで自分の気持ちもしっかりと伝えるというスタイルを「アサーティブ・コミュニケーション」と呼びます。アサーティブ・コミュニケーションとは，1960年から，自分と相手の両方の権利を大切にするコミュニケーション・スタイルとして，アメリカで発展しました。

10-2　3つのコミュニケーションの型

　コミュニケーションの型には「攻撃的」，「受身的」，「アサーティブ」の3つがあります。
(1) 攻撃的な型：自己主張が強く，相手から攻撃的であると取られやすいスタイルを取ります。
(2) 受身的な型：受身的なコミュニケーションで，日本でよくみられるスタイルです。
(3) アサーティブな型：自分の意見を主張しながら，相手も尊重します。自分を大切にしながらも，他者への配慮もする人間関係を構築するスタイルを取ります。

演習 10-1

　もし，相手と意見が食い違ったら，あなたはどのような対応を取ることが多いでしょうか。次の項目について一番当てはまる数字に○をつけてください。
　（2：そう思う，1：どちらとも言えない，0：そう思わない）

① どうせ自分が言っても無駄だと思うことがある	
② 自分の意見が通らないと機嫌が悪いことがある	
③ 日頃から人の良い点に気づいて，ほめるようにしている	
④ 自分の意見で相手が傷つくのではないかと心配になる	
⑤ 自分と相手の両方が満足するような解決方法をみつけようとする	
⑥ 自分中心にものごとを考えるほうである	

⑦ 気まずくならないように相手に譲ることが多い	
⑧ 正しいと思ったら自分の意見を変えないほうである	
⑨ 相手の意見を考慮した上で，建設的な意見を提案するようにしている	
⑩ 話の輪の中では進行役をしていることがある	
⑪ 相手の意見を受け入れると，負けたような気がする	
⑫ 言いたいことがあっても言わないでいることが多い	
⑬ 気がつけば自分ひとりで話していることがある	
⑭ 相手の意見に自分の意見を合わせてしまうことがある	
⑮ 何かあった時，誰かに助けを求めることができる	

セルフチェックで○をつけた数字を左下の方法で計算し，それを右の表に記入してください。

②＋⑥＋⑧＋⑪＋⑬＝（　　）➡　A（攻撃的）
①＋④＋⑦＋⑫＋⑭＝（　　）➡　B（受身的）
③＋⑤＋⑨＋⑩＋⑮＝（　　）➡　C（アサーティブ）

演習 10-2

以下のケースにおける行動パターンは，A（攻撃的），B（受身的），C（アサーティブ）のどのスタイルになるでしょうか。また，もし同じ状況が起こったなら，あなたはどのような態度をとるか考えて，カッコの中にA，B，Cを記入しなさい。

《ケース1》チケットを買うために並んでいると，自分の前に割り込んできた人がいる。
　　（　）「・・・・・・(なによ，この人！)」
　　（　）「あの，列の最後はあちらですよ。」
　　（　）「あの，並んでいるんですけど。」

《ケース2》多くの仕事を課長から受けて忙しい時に，さらに課長から仕事を頼まれた。
　　（　）「・・・わかりました。(こんなに忙しいのが，わからないの！)」
　　（　）「課長，勘弁してくださいよ。この忙しい状況で，もっと仕事をやれって言うんですか。」
　　（　）「今，○○をしていて忙しいんですが，どちらを優先したらいいでしょうか？」

《ケース3》楽しみにしていた恋人とのデートが，相手の都合で急にキャンセルになった。
　　（　）「わざわざ，この日のために休みを取ったんだよ。もういいかげんにして！」
　　（　）「楽しみにしていたんだけどなあ…。じゃあ，許してあげるから，次はたっぷりごちそうしてね。」
　　（　）「ええ，そうなの？　わかった。(楽しみにしていたのに…)」

解答 10-2

《ケース1：B, C, A》《ケース2：B, A, C》《ケース3：A, C, B》

10-3　DESC法によるアサーティブ・コミュニケーション実践

　DESC法とは，相手の感情や勢いに流されることなく，自分の主張や感情を相手に上手く伝える技術です。話を4段階に分けて伝えることで，言いたいことを整理することができ，相手に納得感をもってもらいながら自分の主張を伝えられるため，相手との信頼関係を築きやすいのです。

　また，DESC法を使って，現実的な譲歩案や妥協案を示すことで，相手に再検討の余地を与えることができ，合理的な解決へとつなげることができます。

図10.1　「DESC」4段階の公式

①D= Describe	①E= Empathize (Express)	①S= Suggest (Specify)	①C= Consequence (Choose)
状況や事実を描写する	意見や考えを述べる 共感する	提案する	肯定的な成り行きを示す 選択肢（代案）を与える
反論できない客観的な事実から始める	自分を主語にして主張する（（I）メッセージ）	意見や考えに基づいて提案する	提案（代案）を実行すれば相手にメリットがあることを示す

演習10-3

　部長から緊急案件の仕事が入りました。その仕事は，部下の田中さんが以前にやったことがあり，能力的に適任であることがわかっています。あなたは田中さんに別の仕事を与えており，忙しいこともわかっています。田中さんにDESC法を使って，緊急案件の仕事を依頼してください。

解説10-3

　《以下，依頼する例を示します。まず，ねぎらいから入ります》

　田中さん，いつも良い仕事をしてくれて，部長も高く評価しているよ。

　D:「実は今さっき，部長から緊急案件の仕事の依頼を受けたんだけど，以前にも同じ仕事をしてくれた，田中さんにお願いしたいんです。」

　E:「あなたが忙しいのはわかっているので，どうしたものかと悩んでいるのだけれど，緊急案件で，できる人は田中さん以外いないと思っているんだ。」

　S:「だから，緊急案件を先に処理した場合に，今やっている仕事がどのくらい遅れるのか教えて欲しい

> んだ。そして，もし可能であればでいいのだけれど，今やっている仕事は誰かに手伝ってもらえるかも教えて欲しい。」
>
> C：「そうすれば，田中さんにもあまり無理してもらわずに，具体的な選択肢をもって，事態に対応できると思うんだ。」

10-4　この章のまとめ

　コミュニケーションにおいて，傾聴や質問などを用いて，相手への理解を深めることは非常に重要であることは前章で学びました。しかし，それと同時に，自分のことも相手に理解してもらう必要があるのも事実です。いつも相手ばかりを尊重し，言いたいことも言わずに我慢ばかりしていると，いつか精神的な限界点を超えてしまう可能性がありますし，ビジネスも成立しません。

　他者とのコミュニケーションにおいては，相手を大事にするとともに，自分も同じように大切にする相互交流の態度が重要です。相手を尊重したうえで自分の気持ちもしっかりと伝えるというのが，アサーティブ・コミュニケーションなのです。

第11章
言語プロファイリング

11-1 言語プロファイリングとは

　言語プロファイリングとは，相手の会話や行動から思考の特徴をパターンとして読み取り，そのパターンが持つ肯定的な側面を表現することで相手に影響力を与え，肯定的な反応を引き出すスキルです。

　本章では，言語「Language」と行動「Behavior」からパターンを読み取る「LABプロファイル」を学びます。LABプロファイルで「言葉によるプロファイリング」を習得すると，相手や自分の「心のパターン」が理解でき，会話が楽になり，良好な人間関係を構築することができます。

　心にはいろんなパターンがあります。仕事で役割を担っているとき，家族と一緒に過ごすとき，趣味に没頭しているとき，あなたの心のパターンは変わります。例えば，ある飛行機の整備士は「仕事という場」においては，問題が起こらないように，あらかじめ決められた外部の判断基準と手順に従って，詳細に飛行機の整備をする「問題回避型」，「外的基準型」，「プロセス型」，「詳細型」のパターンを持っています。しかし，彼は「家族と過ごす場」では適当でおおざっぱな「全体型」のパターンを持つかもしれませんし，「趣味の場」では多趣味で目的を極める「オプション型」と「目的志向型」のパターンを持つかもしれません。自分のパターンを変えて，相手のパターンに合わせることもできます。組織の求める役割に応じた「心のパターン」をつくり，役割を演じることができるのです。

　LABプロファイルは，37のパターンを使って，言葉と行動を分析し，相手の思考パターンを把握します。人のやる気を高める要因は，それぞれの人で異なります。この要因が37パターンあります。人の関心をひきつける言葉もパターンによって異なります。それを影響言語と呼びます。そのうち，10のパターンの定義とそのパターンの人をひきつける影響言語を表11.1にまとめます。

表11.1 LABプロファイル：パターンの定義と影響言語

カテゴリー	パターン		内容
方向性	目的志向型	定義	目標を達成することに焦点がおかれる。方向性が明確。
		影響言語	到達する，獲得する，手に入れる，達成する，目標，目的
		しぐさ	・何かを指さす ・うなずく ・受け入れるジェスチャー
	問題回避型	定義	問題を発見し，回避し，解決することに意欲がわく。
		影響言語	〜しないようにする，避ける，回避する，取り除く
		しぐさ	・排除する ・首を横に振る ・何かを避けたり取り除いたりするジェスチャー
判断基準	内的基準型	定義	自分の中に判断基準があり，自分で決定したいと考える。
		影響言語	決められるのはあなただけ，あなた次第，おわかりだと思いますが
		しぐさ	・背筋を伸ばして座る ・自分を指さしたり胸に手を当てたりする ・他者の評価に反応する前に自分で評価するため，反応
	外的基準型	定義	周りからのアドバイスを尊重し，周りや人に判断をゆだねる。
		影響言語	○○さんが言うには，○○さんの考えでは，周囲に認められる
		しぐさ	・上体を前に倒す ・周りの人の反応を見る ・周りの様子を伺って，うまくいっているか知りたがっていることが顔の表情に表れる
選択理由	オプション型	定義	絶えず他の方法や別の選択肢を見つけ出そうとする。
		影響言語	可能性，代替案，別の方法，多様性，選択肢，ルールを破る
	プロセス型	定義	決まった手順に従って物事を進めるのが得意。
		影響言語	正しい方法，確実に，手順に従う（初めに〜それから〜最後に）
スコープ	詳細型	定義	細かいところまで正確な情報を提供してほしいと考える。
		影響言語	厳密に，正確に，具体的に（詳細を与える）
	全体型	定義	物事の全体像をざっくりと把握しようとする。
		影響言語	全体像，ざっくり，不可欠なことは，ポイントは，一般的に
主体性	主体行動型	定義	率先して行動することでやる気がわく。
		影響言語	とにかくやってみる，飛び込む，今すぐに，とりあえずやる
		しぐさ	・せっかち ・早口でしゃべる ・ペンでコツコツ音を立てる ・活動的でじっと座っているのは苦手
	反映分析型	定義	待って，分析，検討し，周囲に反応することでやる気がわく。
		影響言語	理解する，検討する，分析する，考慮する，様子を見る，待つ
		しぐさ	・長時間座っていることをいとわない

11-2 言語プロファイリングの実践

演習 11-1

方向性のパターン（目的志向型・問題回避型）の影響言語を使ってみましょう。

『あなたは，英会話学校の営業担当者です。入学説明会に参加した目的志向型の方と問題回避型の方にどのように営業しますか？』

解説 11-1

目的志向型に使う影響言語：
・グローバルでかっこいい
・キャリアにプラス
・視野が広がる

問題回避型に使う影響言語：
・入社試験に英語が必須
・これからは英語ができないと苦しい

演習 11-2

判断基準のパターン（内的基準型・外的基準型）の影響言語を使ってみましょう。

『あなたは，高級外車の営業です。
ヒアリングを開始する前に，内的基準型の方と外的基準型の方にどのように動機づけしますか？』

解説 11-2

内的基準型に使う影響言語：
・この車の良さは，あなただけしか語れませんよ。
・この車の素晴らしさを実感するには，ご自身で体験するのが一番です。

外的基準型に使う影響言語：
・あなたがこの車に乗ると，みんなに注目されますよ。
・○○様もご満足して，この車をご購入されました。

演習 11-3

選択理由のパターン（オプション型・プロセス型）の影響言語を使ってみましょう。

『あなたは新任の講師として，新しい生徒たちに講義を行うことになりました。
　さて，初日にどのように説明すると，オプション型とプロセス型の両方のタイプの生徒に対して，納得のいく講義の進め方ができるでしょうか？』

解説 11-3

（例）
　皆さんのいろいろな**可能性を追求する**（オプション型）上でも，ここでは**手法をしっかりと**（プロセス型）やります。そして，**いろいろなこと**（オプション型）をやってください。

演習 11-4

スコープのパターン（全体型・詳細型）の影響言語を使ってみましょう。

『セミナー会場の場所を教えて欲しいと，友人が駅から電話をかけてきました。
（1）全体型の友人に対してはどのような説明をしますか？
（2）詳細型の友人に対してはどのような説明をしますか？』

解説 11-4

（例）
(1) 全体型：○○駅を降りて，ロータリーの道をまっすぐ行くとコンビニがあるから，そのあたりで一番高いビルが会場ね！

(2) 詳細型：○○駅の中央改札を出て，西口へ出ると，バスのロータリーがあります。5番△△行きのバスターミナルを超えて，すぐ右にある黄色い中央車線のある道幅8mの▲▲通りに沿って右側を400m歩くと，信号のある□□交差点があるので，それを越えてさらに50m直進して，進行方向向かって右側のローソンと白い××病院の間にあるグレーの5階建ての◎◎ビルの3階が会場です。

11-3　言葉によるペーシングとリーディング

　まずは相手のパターンに合わせます。これをペーシングと言います。具体的には，相手のパターンの影響言語を入れながら会話を進めます。バックトラッキングなども有効です。次に，相手のパターンと違うのですが，自分の言いたいことを言います。これをリーディングと言います。この時は，具体的には，相手とは違うパターンの影響言語を会話の中に自然に入れるようにします。そして，最後に相手のパターンの影響言語を会話に入れて，相手のペースに戻ります。
　こうすると自分の言いたいことを，相手に違和感なく伝えることができるのです。このやり方を「ペース，リード，ペース」と言います。

演習 11-5

主体性のパターン（主体行動型・反映分析型）の影響言語を使ってみましょう。

『(1) 考えずに行動し失敗する傾向にある部下には，どのようにアドバイスするとよいでしょうか？
(2) 考えてばかりで，一向に行動しない部下には，どのようにアドバイスすれば行動するようになるでしょうか？』

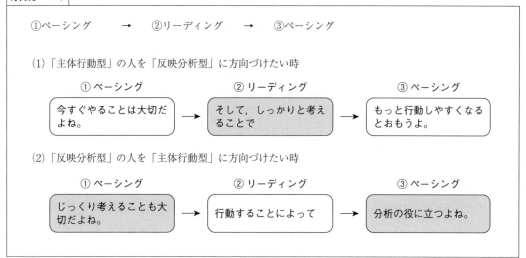

11-4 この章のまとめ

　LAB プロファイルは，相手の会話や行動から思考の特徴をパターンとして読み取り，そのパターンが持つ肯定的な側面を表現することで相手に影響力を与え，肯定的な反応を引き出すスキルです。LAB プロファイルを学ぶと，言葉でやる気を起こさせ，それを維持することができます。自分の持っていないパターンの影響言語を使うことで，相手を理解しやすくなり，コミュニケーションの幅が広がります。

　職場では，人材採用・人材育成・人材配置・効率的な目標達成に応用できます。コミュニケーションの場面では，交渉力，説得力，指導力，文章力が上がります。製品・サービスに適用すれば，マーケティング，コピーライティングに応用できます。

第12章
スピーチのスキル

12-1　スピーチの基本

　「プレゼン」と「スピーチ」の違いは何でしょうか。一般的には，プレゼンがスライドなど「さまざまな表現手法」で伝えるのに対して，スピーチは「話して」伝えます。通常，数十分かかるプレゼンに比べ，3～5分程度が一般的なので，わざわざスライドなどの視覚物はあまり使いません。スピーチの基本は，耳からすんなりと理解できるようにすることです。したがってスピーチは，プレゼン以上に言葉選びや話すスピード，論理的な組み立ての技術が必要になってきます。スピーチを成功させるための基本的なポイントを列記します。

(1) 身なりを整える

　第一印象はとても大切です。まず服装については，聞き手のために服を選んでください。水色や青，紺などの寒色系の服は知的で誠実な感じがしますが，それだけでは冷たそうな印象になってしまいます。ピンクやオレンジなどの暖かい色合いのものをアクセントに使うことで「暖かさ」，「優しさ」，「親しみ」，「受容」などのイメージが伴います。白いシャツなどは，清楚で周囲を明るくしてくれます。

(2) 呼吸を合わせる

　スピーチの前は緊張するものです。そういう時に効果的なのは，スピーチを始める前に，聞き手と「呼吸を合わせる」ことです。聞き手の前に立ったら，すぐスピーチを始めるのではなく，一呼吸おいて，全体をゆっくりと見回し，会場と自身をひとつにするということです。
　一呼吸おくことによって，聞き手も話し手に注目し始め，はじめは少々ざわつきますが，次第に会場が静かになっていきます。そこから，あなたのスピーチを始めると，あなた自身も落ち着くことができますし，会場の注意も引き付けることができます。

(3) 主張・論点を明確にする

　これはスピーチで最も大切な「スピーチの内容と構成」に関わりますので，次節に詳しく説明したいと思います。

(4) 聞き手の立場に立つ

　聞き手のニーズを把握し，自分の話したいことよりは聞き手が興味のある話題を提供します。

聞き手の視点で「最も伝えたいメッセージ」を選択することができれば，聞き手の心をしっかりとつかむことができるでしょう。

(5) 話し方にメリハリをつける

オリジナリティあふれる話し方をすると，聞き手を飽きさせません。そして，「大切なことを伝える時」は大きな声で言い，声の調子，スピードを変え，何度も繰り返し，聞き手の記憶に定着させます。間を上手に使い，波のように緩急・高低をつけることも効果があります。

(6) 聞き手の中に味方を見つける

スピーチの最中では，原稿を見ることなく，聞き手の目を見て話すというのは基本です。そして，普段おしゃべりしている口調を使い，話し手と聞き手の境界線を無くしていきます。

聞き手の目を見て話をしていくと，中には自分の話に興味を示さなかったり，無表情だったり，つまらなそうだったりする人がいる一方で，自分の話に興味を示してくれる人，笑顔でうなずいてくれる人も必ずその会場のどこかにいます。スピーチをする時は，そういった「自分の味方」をまず見つけ，その人たちに自分のスピーチを届けるようにしていきます。そうすると，自分のスピーチも軌道に乗り，流れもスムーズで勢いも出てきます。

(7) 動作まで練習する

「メラビアンの法則」によると，感情や態度について矛盾したメッセージが発せられたときの人の受けとめ方について，人の行動が他人にどのように影響を及ぼすかというと，話の内容などの言語情報が7%，口調や話の早さなどの聴覚情報が38%，見た目などの視覚情報が55%の割合です。したがって，話の展開に合わせてジェスチャーを入れたり，表情を変えたり，現在の立ち位置から移動したりして，聞き手に対して視覚情報でもあなたの主張を訴えることができます。

(8) 本番の会場で練習する

可能であるならば，本番の会場に一度立ち，その場の雰囲気を味わっておくとよいでしょう。そして，その場で何度かスピーチを練習しましょう。聞き手の席に座って，ステージを客観的にみるのも良いでしょう。本番の会場に立つと少なからずとも緊張するため，事前に現場で，本番の雰囲気を感じておくと，真の本番の時には少し落ち着いて，リラックスして臨めます。

(9) 繰り返し練習する

準備を怠りなくし，十分な練習を積むことは，あなたが自信をもってスピーチをすることにつながります。練習をするポイントとしては，特にイントロダクションを入念に練習することです。最初はやはり肝心です。最初で良い流れを作れれば，そのあとはスムーズに流れていきますから，最低でもイントロダクションは完璧に話せるように練習しましょう。

12-2 スピーチの内容と構成

スピーチの内容と構成についてのポイントを下記にまとめました。

(1) スピーチの内容はひとつに絞る

複数の内容が混在すると聞き手が混乱し，重要なメッセージが伝わりにくくなるため，スピーチの内容はひとつに絞るのが良いでしょう。

絞り込んだ内容の要素について

```
・箇条書きにする
・事実を集め，整理し，検討し，そしゃくする
・憶測や独断でないことを確認する
・結論を自分の頭で考え出す
・明確に論理的に書き出しておく
```

を整理したうえで，内容全体にタイトルをつけるとさらに具体的になります。

(2) スピーチの構成を考える

代表的な構成には

```
・導入 → 本題 → 結論
・起承転結
・主張 → 理由 → 結論
```

がありますが，それぞれについて詳しく説明します。

① 導入 → 本題 → 結論
「導入」学習のポイントを3つ話す
「本題」1つ目は○○，2つ目は△△，3つ目は□□
「結論」最後に学習で重要なのは。

② 起承転結
「起（10％）」物語の前提を説明（桃から桃太郎が生まれた）
「承（40％）」事件が起こる（鬼が島で鬼が暴れているので，仲間を集めて）
「転（40％）」その事件を解決（鬼が島に乗り込み，退治する）
「結（10％）」その結果を書く（金銀財宝をもって村へ帰還する）

③ 主張 → 理由 → 結論

「主張」仲間は大切だ

「理由」なぜなら仲間は困った時に助けてくれる

「結論」仲間がいれば，一緒に困難を克服して幸せになれる

④ 事実を述べる

→ それを出発点として議論する → 行動を呼びかける

⑤ 問題点を挙げる

→ その改善案を示す → 行動を呼びかける

⑥ 興味をそそる

→ 信頼を得る → 事実を述べる → 人を行動させる動機に訴える

(3) スピーチの始め方（イントロダクション）の要点を列記する

- 出だしは重要である
- ユーモラスな話で始めるのはリスクがある
- 好奇心をかきたてる話で始める
- 具体的な例を用いて始める
- 何か品物を見せて始める
- 何か質問をして始める
- 著名人の言葉を引用して始める
- ショッキングな事実を示して始める

(4) スピーチの終わり方（エンディング）の要点を列記する

- スピーチの終わり方を重要視すること
- 前もって終わり方を練習すること
- 終わり方を複数用意しておくこと（終わり方の例として，以下のものがある）
+ 要点をまとめる
+ 行動を起こさせるような終わり方
+ 聴衆を褒める終わり方
+ 笑わせて終わる
+ 詩句を引用して終わる
+ 話を盛り上げながら終わる
+ 聴衆がもうちょっと聴きたいと思うところで終わる

(5) わかりやすく話すための要点を列記する

- ・たとえを多く用いる
- ・専門用語は避ける
- ・視覚に訴える
- ・別の言葉で言いかえる
- ・一般的な例と具体的な例を使う
- ・多くのことに触れない
- ・要点をまとめる

(6) 聴衆に興味を起こさせる方法についての要点を列記する

- ・平凡な事柄の非凡な事実を話す
- ・聴衆が一番興味を持つのは聴衆自身のことである
- ・話上手になるにはまず聞くこと
- ・美化されたうわさ話をする
- ・具体的に話す
- ・イメージしやすいように話す
- ・対照をうまく使う
- ・自分が話に興味を持つ

12-3　スピーチの実践

時間に応じて話す分量の目安は，1分間で300文字程度です。

演習 12-1

（例）を参考にして，1分間程度の提案スピーチを作成しましょう。
- （導入 → 本題 → 結論）の内容構成を使ってください。

《導入》：話したいことの概略を述べる
（例）私の学びについてのポイントを3つ，お話しします。（24文字）

《本題》：導入を展開する
（例）1つ目は何を学ぶかという内容です。将来，自分のキャリアで必要になるであろう領域を予測して，具体的に学ぶ内容を選ぶことが重要です。2つ目はどのように学ぶかという方法です。インターネットで学べる場所を検索して，リアルなスクールとオンライン教育をバランスよく組み合わせることが大切です。3つ目は学んだ結果，自分が何を手に入れたいか具体的な目標を決め，学びに使える時間を見積もり，達成可能な計画を立て，実行することです。（206文字）

《結論》：最後に伝えたいことを簡潔に述べる
　（例）最後に，学びについて大切なことは，学習を継続しながらも，世の中の変化に対する好奇心と洞察力を持ち，変化に柔軟に対応するバランス感覚も必要です。(71文字)

解説 12-1

提案スピーチの骨子を作りましょう。
(1) まずは取り上げたいスピーチ内容を箇条書きにして，整理してください。
(2) この段階で，スピーチの《イントロダクション》と《エンディング》の作成は不要です。

演習 12-2

前問 12-1 で作成した骨子をベースに，5分間程度の提案スピーチを作成しましょう。
(1) (主張 → 理由 → 結論) の内容構成を使ってください。
(2) テキスト中のスピーチの始め方と終わり方を参考に《イントロダクション》と《エンディング》を作成してください。

　《イントロダクション》　　　　　　30秒
　《提案骨子（主張 → 理由 → 結論）》　4分
　《エンディング》　　　　　　　　　30秒
　　　　　　　　　　　　　　　　　計5分

12-4　この章のまとめ

　スピーチは，スライドなどを使わずに「話して」伝えます。そのため，聞き手の立場に立って，聞き手がわかりやすく，興味がわくようなスピーチの内容や構成が重要になります。さらに，イントロダクションからエンディングまで，聞き手の関心をそらさないために，本章で学んだ，話し方の工夫が必要となります。

第13章
プレゼンテーション

13-1 プレゼンテーションとは

プレゼンテーションはスライドなどの視覚物を活用して伝えるため，主に

(1) プレゼンテーションの骨組みを作る基本構成のテクニック
(2) PowerPoint などのスライドを作成するテクニック
(3) スライドを使いながら聴衆の前で発表をするテクニック

の3つのテクニックから成り立っています。

13-2 プレゼンテーション基本構成のテクニック

プレゼンテーション基本構成には「SDS法」と「PREP法」という2つのテクニックがあります。表にSDS法とPREP法の比較をまとめました。

表 13.1 SDS 法と PREP 法の比較表

略　称	SDS 法	PREP 法
正式名称	Summary, Details, Summary	Point, Reason, Example, Point
目　的	ストーリー重視	結論重視
用　途	講演，講義，セミナー，製品発表会，会社説明など	報告会議や商談など
時　間	長いプレゼンに適している	短いプレゼンに適している

SDS 法とは「Summary, Details, Summary」の略です。
　最初に要約（Summary）を伝え，次に詳細な説明（Details）をした後，最後にまとめ（Summary）を述べる構成です。SDS 法は，結論を早く伝えたいときに向いています。

表 13.2 SDS 法を使った具体例

Summary	この製品発表会では世界最軽量のスマホをご紹介いたします。
Details	タッチパネルの改良により，当社従来比で30％の軽量化に成功しました。タッチパネルは 0.1mm 薄くなったにもかかわらず，強度は10％改善されています。
Summary	では，その世界最軽量スマホをご覧いただきたいと思います。

PREPとは「Point, Reason, Example, Point」の略です。

まず結論（Point）を述べて，次に理由（Reason）を説明し，具体的な例（Example）を出した後，最後にまとめ（Point）を述べる構成です。

PREP法は，話をじっくり述べながら，ストーリー重視に向いています。

表 13.3　PREP 法を使った具体例

Point 結論	ぜひ，弊社の製品を採用いただきたい。
Reason 理由	なぜならば，弊社のこれまで培ってきたノウハウが御社をサポートします。
Example 具体例	具体的には，この業界で30年間，この製品を作り続けたノウハウと実際に使用している1,000社の運用実績で，安定した品質とアフターサービスを提供しています。
Point まとめ	製品販売後も，弊社の品質とアフターサービスで御社をサポートしますのでぜひ，弊社をご採用いただければと思います。

演習 13-1

自分が住んでいる街を友人に推薦するPR文を，PREP法で記述してください。
(1) 下記のテーブルにPR文を書き込んでください。
(2) 字数は300文字程度で，発表時間は約1分です。

Point 結論	
Reason 理由	
Example 具体例	
Point まとめ	

13-3　PowerPointなどのスライドを作成するテクニック

(1) 1枚のスライドの中で，伝えたいメッセージは1つにする。
(2) スライドを見ただけでメッセージが伝わるほど内容をシンプルにする。
(3) あいまいな表現，抽象的な表現を避ける（すごく，とても，だろう，など）。
(4) なるべく文章を減らし，大きなフォントを使い，図やグラフ，画像や動画を活用する。
(5) スライドのレイアウトは，上から下・左から右に情報が流れるようにする。
(6) スライドの基本テンプレートを作り，タイトル，メッセージの位置・大きさ・余白・行間，背景，会社名，スライド番号などの構成要素は，すべて統一・整列させる。

(7) スライド内の図形の形や幅，位置，文字の配置，フォントの種類を統一・整列させる。

(8) スライドで使用する色は多くせず，4色程度が妥当。テーマ色を事前に決めると，より効果的に使える。プレゼン資料全体を通して，色の使い方にルールを決めて使い方を徹底させる。

色の使い方について，表13.4にまとめる。

表13.4　スライドの色の使い方

背景色	シンプルに「白」にするのが基本。白背景は，見やすく，印刷にも向いている。スクリーンに投影するだけであれば，黒や濃い青なども良い。
文字の基本色	背景とはまったく違う色である黒やグレーなどを選ぶと読みやすくなる。背景が黒の場合は，白い文字が読みやすくなる。
メインの色（イメージカラー）	紙面（画面）上での出現頻度が高くなっても，あまり不快にならないような落ち着いた色を選ぶと良い。
強調の色	最も重要な箇所のみに用いる色なので，少しの量でもかなり目立つような色が良い。背景色，文字の基本色，イメージカラーとも異なるある程度派手な色が良い。赤やオレンジはとても効果的な強調色になる。

イメージカラーなど，色の持つ印象は大切です。例えば，誠実な印象を与えたいスライドのイメージカラーは青が適当だと言われています。表13.5に，色から連想される心理イメージをまとめてみました。

表13.5　色から連想される心理イメージ

色	心理イメージ	色	心理イメージ
赤	情熱，積極性，勝利	紫	神秘，高貴，精神性
橙	温かさ，自由，ポジティブ	ピンク	恋，女性的，優しさ
黄	幸福，好奇心，希望	白	純粋，新しさ，真面目
緑	平和，自然，安らぎ	黒	上質，知的，プロ
青	誠実，清潔，かっこよさ	茶	安定，伝統，堅実

13-4　スライドを使いながら聴衆の前で発表をするテクニック

(1) スクリーンの横で，スクリーンをさえぎらないように立ちます。演台があれば演台の後ろで，自信をもって，背筋も伸ばし，自然に立ちます。

(2) 聞き手に向かって話を始めます。スクリーンやパソコンに向かって話を続けると，話し手と聞き手とのつながり（信頼関係）が切れてしまうため，表13.6のShow-See-Speakと呼ばれる3ステップの話し方をします。

表 13.6　Show-See-Speak の 3 ステップ

Show（まず見せる）	これから説明するスクリーンを「こちらをご覧ください」と見せる。
See（聞き手を見る）	聞き手の方を向き，誰かの目を見る。
Speak（話し始める）	アイコンタクト（ワンセンテンス・ワンパーソン法とジグザグ法）を取りながら説明を始める。

　アイコンタクトは聞き手との信頼関係を作り，プレゼンテーションの場が良くなります。ここではアイコンタクトの3つの方法について解説します。
① 　ワンセンテンス・ワンパーソン法：
　　　1つのセンテンスを話している時は1人だけ見るようにします。そして句点ごとに，次の聞き手にアイコンタクトを移しながら，話していきます。
② 　ジグザグ法：
　　　図 13.1 にあるように，まず，左奥に視線を合わせます。そこから右奥に移動します。ここから左手前に目線を移し，また右に移動するという具合に，会場の奥から少しずつ手前に視線を移動させます。視線が前に来たら，再び一番後ろに移動させます。

図 13.1　ジグザグ法

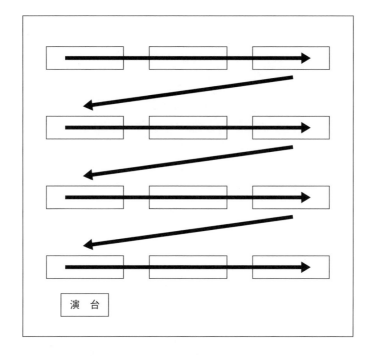

③ 　うなずいている人を見つけてアイコンタクト：
　　　慣れないうちは，アイコンタクトを行うと応えてくれる人を3人くらい決めておいて，その人たちに対し重点的にアイコンタクトをとるようにします。

スピーチの基本の「話し方にメリハリをつける」でも触れましたが，プレゼンテーションにおける話し方を表 13.7 にまとめました。

表 13.7 プレゼンテーションにおける話し方

声の大小	重要なことは大きな声で，些細なことは小さな声で言います。
スピード	重要なメッセージのところをゆっくり伝えます。その前後では比較的早く話して，伝えたい重要なメッセージを引き立てます。
沈 黙	聞き手に聞く準備をしてもらうのが，この沈黙の目的です。プレゼンの最中でも，相手の注意がこちらに向くまで沈黙します。聞き手を見ながら，聞き手の意識がこちら側に向くまで待つことが沈黙の活用法です。
抑 揚	話し手の感情を抑揚で表現します。伝えたいことを強く言う場合と，あえて柔らかく伝える場合もあります。
間	文章中の重要度と内容が変わったことを認識させるために，話し手が話す時に，話と話の間を空けることで聞き手にそれを伝えます。

13-5 この章のまとめ

プレゼンテーションは「シナリオの基本構成」，「スライドの作り方」，「聴衆に発表する話し方」の 3 つがうまく合わさった時に，聞き手にメッセージが伝わるものなのです。

第14章

コーチング

14-1 コーチングの基本

　相手の目標達成（自己実現）に必要な答えを，一緒に探していくサポーターがコーチです。コーチングとは，知識やスキルを相手に一方的に教え与えるのではなく，対等な立場で相手の中にある優れた能力や自主性，行動力，可能性などを引き出すコミュニケーションスキルのことを言います。コーチングを行うには，相手に対して「信じる（信頼）」，「耳を傾ける（傾聴）」，「引き出す（質問）」，「認める（承認）」の4つのスキルが必要となります。各々のスキルの詳細については，表14.1を参照してください。

表14.1　4つのコーチングスキル

信じる （信頼）	コーチは「相手には無限の可能性がある」「夢や目標をかなえるために必要なものはすべて相手の中にある」と心から信じて相手と向き合います。自分のことを100％信じてサポートしてくれるコーチがいることで，相手の中に安心感が生まれ，コーチとの信頼関係が育まれます。
耳を傾ける （傾聴）	コーチは，相手の話を最後まで否定せずにとことん聴きます。相手はコーチに話す（アウトプットする）ことで自分の考えが整理され，新しい気づきや発見，ひらめきが生まれます。その結果，自分の中でぐるぐると「悩む」ことから脱却し，現状を客観的に「考える」ことができるようになります。
引き出す （質問）	また，コーチは視点を変え，未来の可能性を引き出すために質問をします。 その結果，本人の中に「これはできるかもしれない」「これならやってみてもいいかもしれない」という前向きな気持ちが生まれ，「やってみたい欲求」が「やるという行動」への決意に変わっていきます。人からの指示・命令で義務感から動き出すのではなく，自分の中から湧き出てきた「イキイキ・ワクワクする動き出したくなる気持ち」こそが，次の目標に向かって行動するエネルギーとなります。
認める （承認）	コーチは，「結果重視」で相手の考えや行動の評価をしません。むしろ「プロセス重視」で相手に現れている変化や成長を認めます。自分自身が成長していることに気づくことで，自己成長感が高まり，さらにプラス思考で失敗を恐れずにチャレンジするようになります。

　コーチング理論では，アドラー心理学の目的論が根底に取り入れられています。目的論とは「人間の行動には目的がある」という考え方です。
　一方，対極にある考え方が，ユングの「原因論」となります。原因論とは「原因があるから結果がある」という考え方です。うまくいかない時や，問題が起きた時に，原因を追究し，原因を改善していくのが原因論で，原因論的なアプローチとは，
　「なぜそうなったの？」，「どうしてそういうことをしたの？」，「どこが悪いの？」

などです。コーチングでは,原因論的な考え方では支障をきたしてしまいます。理由は,人の過去に戻って原因を取り除くことなど誰にもできないからです。

コーチングの根底にある目的論的アプローチとは,

「どうしたら,そうならないかな？」,「何をすれば,そういうことをしなくなるのかな？」,「どうなればいいのかな？」

などになります。

14-2 コーチングの進め方

コーチは,視点を変え,未来の可能性を引き出すために質問をしますが,「なぜ」,「どうして」という過去の原因を追究する質問は詰問となり,相手の将来の選択肢を減らしてしまいます。相手の視点を変える質問とは,相手にとって「違和感」を感じる質問です。その「違和感」の中に成長のチャンスが潜んでいるのです。ここでは質問によるコーチングについて学んでいきます。

(1)「失敗」から「学び」へと,視点を転換させる質問

誰でも物事がうまく運んだときには喜びますが,失敗したらがっかりして落ち込むものです。元気でないときに「元気を出せ」と言われると,逆効果になります。そんな時は

「ここからの学びはなに？」

という質問を投げかけると,今は失敗体験ではなくて学びの体験だと,「失敗」から「学び」へと,視点を転換させることができます。前向きの失敗というのは,失敗ではありません。今はまだ成功していない状態,つまり「未成功」ととらえることができるのです。そして,失敗を恐れずにチャレンジする気持ちを作り上げることができるのです。

(2)「嫌なこと」から「楽しいこと」に焦点を当てる質問

毎日の生活の中では,楽しいことだけではなく嫌なことにも遭遇します。人はどうしても「嫌なこと」に焦点を当てて,くよくよと悩む傾向があります。そんな時は

「今日楽しかったことは,なにがあった？」

という質問を投げかけると,「嫌なこと」から「楽しいこと」に視点が変わります。人は楽しかったことを探していると,本当に楽しくなります。1日の終わりに,この質問をすると「今日も楽しい1日だったんだ」ということを発見できます。これを毎日繰り返すことで,習慣化して「毎日楽しいんだな」とすら思えてくるものです。

(3) 主体的に勉強の意味や価値を見つけるための質問

つまらない勉強をさせられていると感じたときは,「やりたくない」という思いで,人の胸の中はいっぱいになっているでしょう。そんな時には

> 「なんのために勉強をするの？」

という質問を投げかけられると，相手は勉強の意味や価値を自分なりに探してみるようになります。「あなたが勉強しろと言ったから」という答えが返ってきても，「たしかに，そうかもね，他には，どんな答えがあるかな？」と，いったん答えを受けとめて，さらに考えてもらうことで，自主的ななにかが生まれる可能性もあります。大切なのは，自分のやっていることには意味があるに違いないと考えることです。質問をする意義は，これをきっかけに相手が視野を広げていくことにあるからです。

(4) 相手の視点を拡げ，現実と思い込みを確認する質問

　調子に乗って，つい現実的でない目標を立ててしまった相手に再確認をするときは

> 「本当に？」

と，相手の言ったことを確認するための短い質問を投げます。こんなふうに確認することで，相手は「やっぱり自分はこれでいいんだ」と確認することができますし，必要があれば修正することもできます。確認と修正をするための短い問いかけですが，この一言で，視点が変わることがあるのです。自分の考えを見直したり，ちょっと立ち止まって考え直すきっかけを与えるのに，この質問は有効です。

(5)「自分」から「相手」に視点を変える質問

　人間関係がギクシャクした時に，自分中心に自分の視点だけにとらわれると，相手のせいにしてしまいがちです。そんな時に

> 「相手はどんな気持ちだと思う？」

という質問を投げかけると，この質問で相手にも気持ちがあるということに気づき，「自己中心性」を手放すことができるようになります。相手の感情を思うことで，「違う行動をとるべきだったかな」と考えることができ，「なぜ」，「どうして」と原因を問い詰めたり，無理に謝らせるよりもずっと相手の心に響きます。

(6) やる気にはずみがつく質問

　やらなければいけないことなのに，重い腰が上がらず，先のばししてしまう時に

> 「どうやったら，もっとワクワクチャレンジできる？」

と問いかけてみましょう。自分がなにをやれば，重い腰を上げようという気になれるのか，その「なにか」を考え，チャレンジするときのワクワク度を高めることが大事なのです。「ダイエット」であれば「お気に入りのこの服を着るために，がんばるぞ」というように，自分なりの目標をゲーム感覚で設定し，チャレンジする前に「ごほうび」を考えてみると，これからチャレンジ

することがきっと楽しいものに思えてくるはずです。

(7) 最大限に相手のやりたい思いを引き出していく質問

相手に「夢リスト」を書いてもらっても，常識が働き，現状でもできそうなことを書くケースが目立ちます。相手の心にある，本当の思いを引き出そうとする時には

> 「なんでもできるとしたら，なにがしたい？」

と問いかけてみましょう。人間は無限の可能性を持っていて，その可能性を追い続けていく存在です。コーチはその可能性を信じ，最大限に相手のやりたいという思いを引き出していくことが大切です。本当の思いを引き出そうとする時に「どうせ」「ムリ」という言葉はやる気をしぼませてしまうため，気をつけなければいけません。

(8) 夢に向かって行動を起こす質問

夢を「イメージすること」は大切です。しかし，夢に向かって行動を起こさなければ，夢は実現しません。そんな時には

> 「夢に近づくために，今週できることはなに？」

という質問を投げかけてみましょう。これは，夢に向かって計画を立て，行動の第一歩を引き出すための質問です。今週中に実行可能な計画が，行動につながります。どんな小さなことでも，目標を決め，自分で計画を立てて，行動していくための第一歩を踏み出していくことが大切なのです。

(9) 主体性と意欲を引き出す質問

勉強をする際，相手が「先生や先輩から教わる」という受け身の姿勢になった時には

> 「この勉強が終わったら，どうなっていたい？」

という質問を投げかけましょう。そうすると，相手は「先生や先輩から教わる」という受け身の姿勢から，「自分が学習するんだ」というスタンスへと，気持ちが変化していきます。「他人事」としてとらえるのではなく，「自分のこと」として真剣に取り組む姿勢ができれば，「この授業を」「この時間を」「この1日を」どうデザインしていこうか？　という発想につながり，何かをつかもうという意欲が引き出されるのです。この時間に相手がなにを学ぶのか，その「プロセス」をサポートすることこそ，コーチの大切な役割になります。

(10) さらにやる気をパワーアップさせる質問

相手がなにかに取り組もうとしているとき，

> 「これが終わったら，どんなパワーがつくんだろう？」

と聞いてみましょう。これは，さらにやる気がアップして，充電できる質問です。
　「これをやる前とやった後では，どう違うのだろう？」
　「やった後，自分にはなにが手に入るのだろう？」
　「どんな学びや成長があるのだろう？」
　「チャレンジしたら手に入るものってなんだろう？」
と考えるとワクワクして，今からやることに積極的になれるのではないかと思います。

(11) 相手の価値観を深く知る質問

　観察するだけではわからない，相手の大切にしているもの，価値観を深く知りたい時，

「どんなときが一番楽しかった？　どんなときに一番がんばれた？」

と，お立ち台に立つ選手に向かって「ヒーローインタビュー」をする要領で，明るく聞いてください。相手は「あのときも大変だったけど，がんばったよな」と自分で自分にOKが出せます。そして，がんばれた自分を「発見」することで，新たなエネルギーがわいてくるのです。相手の価値観を深く知るチャンスですので，「他に，どんなことがあるかな？」とさらに聞いてみるのもいいでしょう。

(12) 実現イメージを作る質問

　相手にまず，直近で実現したいと願っていることをイメージしてもらうために，

「明日はどんな1日にしたい？」

という質問をしてみましょう。思わないこと，願わないことは偶然に実現したりはしないものです。思ったり，願ったりするから実現するのです。これは，真っ白いキャンバスに絵を描くように，明日の1日を自由にデザインするための質問です。
　夜，寝る前に，この質問をしてみてください。まだ科学的に証明されているわけではありませんが，おそらく，脳は寝ている間に，その描いたイメージをさらに具現化するような働きをしているように思います。

(13) 相手に自信をつけさせる質問

　相手が，自分の能力が不足している部分だけが目につき，勢いに乗れない時は，

「うまくいっていることはなに？」

と聞いてみましょう。この質問は，相手が，自分の足りないところではなくて，できていること，うまくいっていることにフォーカスし，自分自身を認めてあげるためのものです。人はなにかで自信がつくと，勢いに乗るものなのです。近視眼的に物事をとらえてしまうと，かえって相手のやる気をそぎ，窮屈にしてしまうことがあります。この質問は，相手の物事に対する視野が広がり，良いところを伸ばす効果もあります。

（14）エネルギーのレベルを上げる質問

　チャレンジしなければいけない時，できないことばかりをイメージしてしまうと，「どうしよう」と思いつめ，エネルギーレベルがどんどん下がってしまいます。そんな時は

「うまくいくために，なにができる？」

という質問をしてみましょう。なにかしら，自分ができることを探し出してみるはずです。不安なことに対して，具体的になにをしたらいいのかがわかると，自己肯定感がぐっと上がってきます。そして，自力で前に進むのを助けてくれます。

（15）「いいわけ」から「できること」に焦点を当てる質問

　「いいわけ」は，自分を守る言葉のバリアです。「どうしてやらないの」「なんでできないの」と言われると，人は自分が責められていると感じます。そんな時は

「どのようにすればいいと思う？」

と聞いてみましょう。「どのようにすればいいか」というのは，なにかできること，やることに焦点を当てる質問なので，いいわけが出にくいのです。「どうしてできないんだろう」と考えてしまうと，悲しい気持ちになりますが，「どのようにすればできるかな？」と考えると，実現する方法や，アイデアを考えるようになります。すると，「もしかしたら，できるかも」という方向に話が進むので，前向きな行動を引き出すことができるのです。

（16）成功の確率をさらにアップさせるための質問

　だいたいうまくいきそうだけど，ちょっと確信が持てない時に

「失敗するとしたら，なにが原因？」

と質問してみましょう。「もし，失敗するとしたら，なにが原因か？」と考えると，事前に，必要な対策が取れます。ただし，この質問をするのは，十分に自信もあり，気持ちも上向きなときに限ります。「失敗したらどうしよう」と思っているときに，この質問をされると，失敗のイメージがさらに強くなるだけで，マイナス効果となります。

（17）いつもと違うやり方を見つける質問

　堂々めぐりになってしまい，なかなか解決策が見つからない時は

「○○だったら，どんなやり方をすると思う？（尊敬する人などを入れて）」

という質問を投げかけてみましょう。そうすると，今までいた枠の中から外側へと視点を動かすことができます。そして，これまで見えなかったものが見え，解決策を見つけるために役立ちます。

14-3　コーチングの実践

演習 14-1

下記のインストラクションに従って，1分間コーチングをやってみましょう。

①この○○はどれくらいやっているのですか？
②やって良かったことは？

まずは①を聞いて，スムーズに②に入っていきます。

《良かったことがある場合》
相手のテンションより一段階，明るく話を引き出していきます。
相手に伝える言葉は3つだけです。

・具体的に教えてください。
・他には？
・いいですね。

最後に「ありがとうございました。お話を聞けて楽しかったです」
と明るく締めます。

《良かったことがない場合》
相手のテンションより一段階，真剣に話を引き出していきます。
相手に伝える言葉は先ほどと同じく3つです。

・どんな時に大変なのですか？
・他には？
・それは大変ですね。

最後に「ありがとうございました。お話を聞けてとても勉強になりました」
と明るく締めます。

14-4　この章のまとめ

　本章では，コーチングの4つのスキルの「信じる（信頼）」，「耳を傾ける（傾聴）」，「引き出す（質問）」，「認める（承認）」のうち，質問を重点的に行いましたが，コーチングは相手を尊重して，サポートに徹することがポイントとなります。

第15章

ファシリテーション

15-1　グループディスカッションとは

　ファシリテーションとは，会議やプロジェクトなどの集団活動がスムーズに進むように，また成果が上がるように支援することを言います。会議の場面の例としては，質問によって参加者の意見を引き出し，合意に向けて論点を整理することが挙げられます。こうした働きかけにより，メンバーのモチベーションを高め，発想を促進することが期待されています。

　ファシリテーションの進行役をファシリテーターと呼びます。ファシリテーションには以下の4つのステップがあります。

(1) 安心安全の場づくり

　議題に適したメンバーの選定，場所の選定，時間の管理，話しやすい雰囲気づくりなど，本題に入る前からファシリテーションは始まっています。

> （例）「どんな意見でも，気軽に，自由に出してもらえると嬉しいです」

(2) 対話・発散の促進

　議題に対してメンバーから自由な意見を聞き出し，受け止め，時には質問や合意をしながら，その意見に込められた意味を掘り下げていきます。

> （例）「Aさんはどうですか？」「他の皆さんもどんどん話しましょう」「もう少し具体的に話していただけますか？」「Aさんの意見についてBさんはどう思いますか？」「Aさんの意見に関係する意見はありますか？」

(3) 収束支援

　議題に沿って集まったアイデアをロジカルに整理しながら，採用するアイデアを絞りこんでいきます。ここでは，メンバーに図解などで展開しながら整理をしていく必要があります。整理する方法を事前に頭に入れておき，状況によって使い分けができるようにしましょう。

> (例)「ある程度の案が出たので，一度，整理してみましょう」「各々の案を付箋に書いて，似ている案を集めながら模造紙に貼っていきましょう（ブレインストーミング）」

(4) 合意形成

プロジェクトの結果として，どのアイデアを採用するかを合意形成するのはとても重要なステップです。

> (例)「これまでの意見を整理すると3つぐらいに分かれると思いますが，どうでしょうか？」
> 「これからは，結論に向けて，この3つを整理していきませんか？」
> 「今日の課題の結論は○○ということでよろしいでしょうか？」

15-2 ファシリテーターの役割

ファシリテーターは，議論に入ることなく，場の状態やメンバーの表情や態度を見守り，メンバーの話を最後まで傾聴し，メンバーの考えを確認したり，深めたりする質問をします。そして，必要に応じて介入することで，安心かつ安全に話し合いのできる場を作り，最大の効果を生み出すことを心得ることが重要になります。以下に，ファシリテーターとして大切な4つの心得を示します。

> (1) 客観的立場に自分を置く
> (2) メンバー・話し合いの当事者を主役にする（場を仕切らない。リーダーではない）
> (3) 場の状態を把握する（場の状態はメンバーや議論の状態などがある）
> (4) 場の状態に合わせて，必要と感じた場に介入する

ファシリテーションの各ステップにおけるファシリテーターの役割とスキル（技能）をまとめると，次の表のようになります。

表15.1 ファシリテーターの役割とスキル

ステップ	役割	スキル
安心安全の場づくり	・内容に対して中立の立場を貫く。 ・人の話を積極的に聴き、他のメンバーにもそうするように求める。 ・メンバー個人とメンバーの発言が攻撃されたり無視されたりすることのないように保護する。 ・メンバーが話しやすいように、リラックスした雰囲気を作る。	・傾聴のスキル ・グループを読み取るスキル ・質問のスキル
対話・発散の促進	・参加意欲を引き出す。 ・話し合いの課題（目的）をメンバーに提示する。 ・話し合いの進め方や時間についてメンバーに提示し、相互理解を図る。 ・発言者が偏らないように配慮する。 ・話が煮詰まった時などは、これまでの意見を整理して、メンバー同士の話し合いを促す。 ・意見の相違を歓迎する。 ・メンバーの意見を深めたり、広げたりする。 ・グループは、知識、経験、創造力の宝庫であることを強調し、グループのリソースを引き出す。	
収束支援	・メンバーの発言を記録し、整理し、要約する。 ・メンバー間の意見の相違を方向転換し、活用して、共通の利益にする。	・記録のスキル
合意形成	・順を追って意思決定やコンセンサスに向かう道筋をつける。 ・グループが進捗と成長を自己評価するように仕向ける。	・コンセンサスを構築するスキル

15-3 ファシリテーションの実践

演習 15-1

　5人前後で1つのグループを作り、ファシリテーションの実践演習を行います。
　ファシリテーターを1人選び、全員がファシリテーターを経験できるように、メンバーの人数の回数だけ話し合いを行います。1回の話し合いは約8分間とし、ファシリテーターはステップ1～4まで行い、終わったならばファシリテーターを交代します。

(1) ステップ1：メンバーが話しやすいように、リラックスした雰囲気を作ります。
(2) ステップ2：メンバーの対話を活性化します。
　・参加意欲を引き出します。
　・話し合いの課題（目的）をメンバーから引き出します。
　・話し合いの進め方や時間についてメンバーに提示し、相互理解を図ります。
　・発言者が偏らないように配慮します。
　・話が煮詰まった時などは、これまでの意見を整理して、メンバー同士の話し合いを促します。
(3) ステップ3：メンバーの発言を整理し、要約します。
(4) ステップ4：順を追って意思決定やコンセンサスに向かう道筋をつけ、合意形成を行います。

15-4　この章のまとめ

　ファシリテーターは，メンバーが目的地に到着するためのサポートをすることが役割で，目的地を示すリーダーとは役割が異なります。いかにメンバーから良いものを引き出すか，メンバーの相乗効果を上げることができるか，メンバーの合意が合理的に形成されるか，そして結論（目的地）に至ることができるかはファシリテーターの腕にかかってきます。

第16章
ビジネス・インプロ（即興）・トレーニング

16-1　ビジネス・インプロとは

(1) インプロとは

　インプロとは，インプロヴィゼーション（Improvisation＝即興）の略語のことです。広義には，音楽や演劇，絵画などを即興で表現する芸術分野の手法のことを表します。演劇におけるインプロは，もともとは台本なしで行う演劇のことを指し，観客の前では，やりなおしの利かない舞台俳優のトレーニング技法として発展してきました。

　例えば舞台では，相手の役者がセリフを忘れてしまうというハプニングが起きたとしても，そのハプニングをも利用して，それまでの文脈に不自然のないように舞台を続けていくことが求められるのです。舞台の形態としてはもちろんのこと，俳優の表現力や創造力を高めるトレーニングのひとつとしても行われ，簡単なゲームをしたり，即興でシーンを演じたりしながら，「想定外なことへの対応力」「発想力」「何が起きても動じない自信」「相手や状況を尊重する気持ち」「コミュニケーション能力」「自発性」「集中力」「人間力」などを養います。

(2) ビジネスへの適用

　ビジネスも，まさにインプロそのものです。ビジネスの場面では，予期せぬことが次々に起こります。例えば，営業パーソンがシナリオを立てたとしても，そのシナリオどおりに営業活動が進むことなど，むしろ稀なことです。お客様は何を言い出すかわかりません。お客様自らが本音をおっしゃってくださることも滅多にありません。社内におけるコミュニケーションも同様です。自分が用意した企画やアイデア，意見を押し通そうとしても，うまくいくことは難しいのです。

　こうした予期せぬ出来事や相手との関わりを，よりスムーズに行うために鍛えていくのが，「ビジネス・インプロ・トレーニング」なのです。どんな場面に遭遇しても，自分を失うことなく余裕を持って考え，行動できることこそ，ビジネスパーソンに必要となってきています。

　現在ではこのビジネス・インプロが，ハーバードやMITなど，世界的に有名なビジネススクールでも注目され，ビジネスパーソンのトレーニングで使われているのです。

16-2　即興力の鍛え方

　このインプロを取り入れた即興トレーニングが「インプロ・トレーニング」です。もともと演

劇界から始まったため，芸能界では広く行われています。ビジネス界でも，会話はすべて即興ですので，この練習を繰り返すことで，瞬時に切り返さなくてはならない会話力が上がることが「ビジネス・インプロ・トレーニング」の狙いです。

今回は数多い「インプロ・トレーニング」の中から，下記の4つのゲームを紹介します。

(1)「あいうえお」

最初にテーマを決めます。最初の人が「あ」から始まるテーマに関連したセリフを言い，次の人はその内容とつなげて「い」から話し，次の人は……とどんどんつなげて，1つのストーリーを作っていきます。

(2)「最初と最後」

まず初めに，最初と最後のセリフを決めます。そして，それに合うように，その間にあるストーリーを展開していきます。

(3)「プレイブック」

数人で行うもので，その中の1人は，与えられた本の中の台詞しかしゃべることができません。

他の人たちは，本の台詞と整合性を合わせながら即興で会話をつなげていきます。

(4)「スピットファイヤー」

スピットファイヤーは2人で進める即興劇です。2人のうち1人は話を進める役割，もう1人はその話とはまったく関係のないことや単語を言い続けます。

話を進める役割の人は，もう1人が発した関係のない言葉を取り入れながら，本題からずらさずに話を展開させていきます。

プレゼンやキャッチセールスなど，ビジネスや日常で遭遇するさまざまなシチュエーションを想定して，受講者はペアを組んだり，グループとなって，即興で劇を創り上げていきます。それが参加者たちに気付きをもたらし，表現力や即興力を身に付けることができるのです。

16-3　インプロ・コミュニケーション・トレーニングの実践

演習 16-1

「インプロ・トレーニング」の中の「あいうえお」ゲームを実践します。まずは，5人で1つのグループを作り，最初の人が「あ」から始まるテーマに関連したセリフを言い，次の人はその内容とつなげて「い」から話し，次の人は……とどんどんつなげて，1つのストーリーを作っていきます。お題は，「コンビニに強盗が来た。」です。

解説 16-1

（例）
あ「危ない！　強盗だ！」
い「1万円しかレジにないぞ……」
う「腕を上げたら，まさか撃たれないでしょ」
え「えっ，ピストルをこっちに向けてる！」
お「おっと，なんだ，商品のピストル型のおもちゃか」

演習 16-2

「インプロ・トレーニング」の中の「喜怒哀楽」ゲームを実践します。

(1) ステップ1：
　テーブルの上に，スマホ，手袋，アロマキャンドル，名刺，指輪，クリアファイルなど，さまざまな小物を用意し，「喜」「怒」「哀」「楽」の4種類の札を用意して，袋の中に入れておきます。

(2) ステップ2：
　使う小物を決め（誰かに指定されるやり方もある），袋の中から札を引きます。

(3) ステップ3：
　考える暇もなく，即スピーチをスタートします。スピーチはでっちあげでかまわないので，その小物にまつわるストーリーを話し，なおかつ引いた喜怒哀楽に沿ってストーリーを作り上げ，感情を表します。

　重要なルールとして，時間が来るまで，とにかく「途切れずにしゃべり続ける」ということを守ってもらいます。

演習 16-3

「インプロ・トレーニング」の中の即興演技を実践します。時間は決められていません。

■お題:「美術館」
■登場人物
　Aさん:とても洞察力があり,抽象的な絵画からさまざまな意味や作者の意図を読み取る。
　Bさん:絵がさっぱり理解できない。形や色がごちゃごちゃして意味がないもの,子供の落書きにすぎないと思う。

(1) ステップ1:
2人でペアを作り,即興劇の設定について打ち合わせをします。
ペア同士で打ち合わせて設定したり,あえて打ち合わせずに自己で設定したりします。
(例)打ち合わせで設定:
・2人の関係は?
・なぜ美術館に来たか?
・どんなジャンルの作品が展示されているか?

(例)打ち合わせせずに自己設定:
・美術館にいる今の感情は?
・美術作品への自分なりの価値観は?
・どんな作品が展示されているかイメージし,その解釈をどのようにするか?

(例)Aさんは「斜めの線がたくさん入っていて,中央に卵型のものが描かれている絵」を「中央の卵は地球を表していて,斜めの線は環境破壊や戦争など地球に関わる問題を表している。作者はこのままではいけないとメッセージを発している」と解釈。

(2) ステップ2:
・1ペア5〜7分程度の発表を行います。ストップがかかるまで演技し続けます。
・相手のアクションに対し,リアクションを返します。やり直しはできません。

16-4　この章のまとめ

　インプロ・トレーニングで会話を一瞬で返し続けていくのは,かなりの機転が必要とされます。
　インプロのコツは,恥ずかしがらずに全力で演じることです。そのようにやっているうちに,会話のちょっと先を見通し,自分を表現する能力が自然と上がっていることに気づきます。そして,思いも寄らずに新しいアイデアが次から次へと湧いてきます。このようなトレーニングを繰り返すことによって,瞬発力,対応力,判断力,創造力などがついてくるのです。

第17章
敬語の使い分け

17-1　敬語の3種類

　敬語は，大きく「尊敬語」「謙譲語」「丁寧語」の3つの種類に分けることができます。この3つの違いと使い方を理解することが，敬語をマスターするためには大切です。特に，尊敬語と謙譲語を正しく使い分けることが大切です。尊敬語と謙譲語を使い分けるためのコツは，尊敬語の主語は「相手」となり，謙譲語の主語は「自分や自分の身内」に着目することです。

(1) 尊敬語
　「相手」に対して敬意を表現します。相手の動作や持ち物など，相手に関わるものごとについて述べるときに用います。「お客様がいらっしゃいます」のように，主語は相手になります。
　また，「御社」「ご担当の方」など，相手をさす語は尊敬語に分類されます。

(2) 謙譲語
　「自分や自分の身内」についてへりくだって表現します。自分や自分の身内にまつわるものの動作や持ち物について述べるときに用います。「私が伺います」「弊社の担当が参ります」のように，主語が自分やその身内，自分の組織の人になります。

(3) 丁寧語
　ものごとを丁寧に表現します。丁寧な言葉遣いで，相手に敬意を表す言い方です。語尾を「〜です」「〜ます」「〜ございます」とするのが，主な特徴です。

17-2 尊敬語，謙譲語，丁寧語の使い方

表 17.1　よく使う敬語の一覧表（動詞）

基本形	尊敬語	謙譲語	丁寧語
する	なさる，される	させていただく	いたします
言う	おっしゃる	申し上げる	申し上げます
行く	いらっしゃる，おいでになる	うかがう	参ります
来る	いらっしゃる，お越しになる	参る	来ます
知る	お知りになる，ご存じだ	存じる，承知する	知っています
食べる	召し上がる，おあがりになる	いただく，頂戴する	食べます
いる	いらっしゃる，おいでになる	おる	います
見る	ご覧になる	拝見する	見ます
聞く	お聞きになる	拝聴する，うかがう	聞きます
座る	お掛けになる	座らせていただく	座ります
会う	お会いになる，会われる	お目にかかる	会います
伝える	お伝えになる	申し伝える	伝えます
わかる	おわかりになる，ご理解いただく	かしこまる，承知する	わかりました
読む	お読みになる	拝読する	読みます
与える	くださる	いただく，頂戴する	あげます，差し上げます
受け取る	お受け取りになる	賜る，頂戴する，拝受する	受けとります
利用する	ご利用になる	利用させていただく	利用します
思う	お思いになる，おぼし召す	存じ上げる，拝察する	思います
買う	お買いになる，お求めになる	買わせていただく	買います
考える	お考えになる，ご高察なさる	考えておる，拝察する	考えます
待つ	お待ちになる，お待ちくださる	お待ちする	待ちます
帰る	お帰りになる，帰られる	おいとまする	帰ります

表 17.2　よく使う敬語の一覧表（名詞）

基本形	謙譲語	丁寧語
思いやり	お心遣い，お気持ち，ご厚情，御芳情	気持ち，微意
本人	○○様，貴殿，貴兄，貴社長	私（わたくし），当方，手前でも
品物	賜り物，佳品	寸志，粗品，粗菓，心ばかりの品
会社	貴社（きしゃ）　御社（おんしゃ）	弊社（へいしゃ）
店	貴店（きてん）	弊店（へいてん）
銀行	貴行（きこう）	弊行（へいこう）
学校	貴校（きこう）	弊校（へいこう）
新聞	貴紙（きし）	弊紙（へいし）・小紙（しょうし）
雑誌	貴誌（きし）	弊誌（へいし）・小誌（しょうし）
地位	貴職（きしょく）	小職（しょうしょく）

接遇とは，お客様を応接することです。表17.3は，ビジネスでよく使う接遇用語です。

表17.3　よく使う接遇用語の一覧表

通常語	接遇用語
あとで	のちほど
あっち	あちら
こっち	こちら
そっち	そちら
どっち	どちら
いい（よい）	よろしい
いっしょ	お連れ
だれ	どなた
いくら	いかほど
おととい	一昨日
おととし	一昨年
きのう	昨日
去年	昨年
このあいだ	先日
この前	前回
この次	次回
こんど	今回，この度
さっき	先ほど
すぐに	ただいま
できません	いたしかねる
とおくから	遠方から
どう	いかが
どこ	どちら
どれ	どちら
どのように	いかように
どれくらい	いかほど
どんな	いかがな
もう一度	再度
わからない	わかりかねる

17-3　間違いやすい敬語の使い分け

演習 17-1

下記のビジネスシーンで間違えやすいランキング順の敬語表現と，間違ったまま使われていることの多い表現について，間違いを直してください．

1　実は間違っていた！　敬語ランキング
　1.1　第 1 位　『ご持参ください』
　1.2　第 2 位　『お召し上がりください』
　1.3　第 3 位　『とんでもございません』
　1.4　第 4 位　『お休みを頂いております』
　1.5　第 5 位　『○○様でございますね』
　1.6　第 6 位　『ご覧になられましたか』
　1.7　第 7 位　『こちらになります』
　1.8　第 8 位　『○○様はおられますか』
　1.9　第 9 位　『～とおっしゃられました』
　1.10　第 10 位　『ご苦労さまです』

2　二重敬語になっていることば
　2.1　お見えになられる
　2.2　お話しになられる
　2.3　お帰りになられる

3　実は敬意が込められていない，失礼なことば
　3.1　了解しました
　3.2　しばらくぶりです，お久しぶりです
　3.3　お世話さまです
　3.4　参考になりました
　3.5　伺ってください
　3.6　どちらにいたしますか
　3.7　ご出席されますか

4　バイト敬語といわれることば
　4.1　～円からお預かりします
　4.2　～でよろしかったでしょうか
　4.3　ご注文のほうは
　4.4　ご負担いただくかたちになります

5　使い方を間違えていることば
　5.1　お名前をいただけますか

5.2 わたしには役不足です
5.3 お身体をご自愛ください
5.4 二の舞を踏む
5.5 間が持たない
5.6 的を得た意見

解説 17-1

下記のビジネスシーンで間違えやすいランキング順の敬語表現と，間違ったまま使われていることの多い表現の正解です．

1 実は間違っていた！ 敬語ランキング
1.1 第 1 位 『お持ちになってください』『お持ちください』（"持参"は謙譲語）
1.2 第 2 位 『召し上がってください』（尊敬語の"召し上がる"に"お"をつけた二重敬語）
1.3 第 3 位 『とんでもないです』『とんでもないことでございます』
1.4 第 4 位 『休みをとっております』
1.5 第 5 位 『○○様でいらっしゃいますね』（"ございます"は自分に関する丁寧語）
1.6 第 6 位 『ご覧になりましたか』（二重敬語）
1.7 第 7 位 『こちらでございます』
1.8 第 8 位 『○○様はいらっしゃいますか』（"おる"は謙譲語）
1.9 第 9 位 『～とおっしゃいました』（二重敬語）
1.10 第 10 位 『お疲れさまです』（目上に対して労苦をねぎらうのは失礼）

2 二重敬語になっていることば
2.1 お見えになりました，お越しになりました
2.2 お話しになる
2.3 お帰りになる

3 実は敬意が込められていない，失礼なことば
3.1 承知しました，かしこまりました
3.2 ご無沙汰しております
3.3 お世話になっております
3.4 勉強になりました（"参考"は，自分の考えを決める手がかりにするもの）
3.5 お聞きになってください（"伺う"は"聞く"の謙譲語）
3.6 どちらになさいますか（"する"の謙譲語は"いたす"，尊敬語は"なさる"）
3.7 出席されますか，ご出席なさいますか（謙譲語の"ご出席する"に尊敬語はつかない）

4 バイト敬語といわれることば
4.1 ～円お預かりいたします
4.2 ～でよろしいでしょうか（"よろしかった"は過去形）
4.3 ご注文は（"ほう"は不要）

> 4.4 ご負担ください
>
> 5 使い方を間違えていることば
> 5.1 お名前を伺えますでしょうか，お名前をお聞かせいただけますか
> 5.2 わたしには力不足です（"役不足"は，役に不満を抱くこと）
> 5.3 ご自愛ください（『ご自愛』には"お身体を"という意味が含まれている）
> 5.4 二の足を踏む（人のした失敗を繰り返す『二の舞を演ずる』と混同）
> 5.5 間が持てない
> 5.6 要点をとらえた意見は『的を射た意見』，理に適っている意見は『当を得た意見』

17-4 この章のまとめ

　ビジネスシーンで敬語が使えないと，相手に不愉快な思いをさせ，あなたの信用をなくしてしまうことになります。相手に敬意を示そうとしたことが裏目に出るので気をつけましょう。

第2部
応用編

第18章
上司とのコミュニケーション

「指示の受け方」と「ホウ・レン・ソウ」(報告・連絡・相談)は大変基本的なことですが，これがうまく機能しないと，会社や社会からは評価されません。ビジネスパーソンにとってとても重要な，「指示の受け方」と「ホウ・レン・ソウ」のポイントを学び，上司・先輩に信頼される部下になりましょう。

18-1 上司の指示の受け方

まず指示を受ける際に重要なのは，5W3Hを意識して指示内容を理解することです。

(1) 上手に指示を受けるポイント

指示された仕事は，終了後の報告によって完了となります。

① 上司に呼ばれたら「はい」と返事をして，業務をいったん休む。
② メモの用意をして，上司の元へすぐに行く。
③ メモを取りながら，最後まで指示を聞く。
④ 上司からの指示がすべて終わってから，疑問点や不明な点を尋ねる。
⑤ 無理だと思ったら，安請け合いせずにやり方を相談する。
⑥ 指示内容をまとめて，復唱して確認する。

指示内容を早とちりして誤解がないようにしましょう。指示を受けてから仕事に取り掛かる際は，疑問点などの不安材料があれば，それらは十分確認する必要があります。自分が理解し，納得して業務を遂行するためにも，正しい指示の受け方が大切なのです。

(2) 命令は 5W3H で受けます。

```
Why      なぜそうするのか？（理由）
What     何をするか？（目的，目標）
When     いつまでに？（期限，約束の時間）
Who      誰が，誰に？（担当，分担，顧客）
Where    どこで？（場所，行き先）
How      どのような方法で？（方法，手段，仕上げ方）
How much いくら？（費用）
How many いくつ？（数量）
```

18-2　報告・連絡・相談（ホウ・レン・ソウ）のポイント

　報告・連絡・相談（ホウ・レン・ソウ）は，会社の上司にとっての精神安定剤であり，信頼関係を構築するためのビタミンです。

(1) 報告とは

　上司への報告も「指示の受け方」と同じように，あらかじめ 5W3H で要点をまとめ，メモにして，報告漏れのないように気を付けましょう。業務が長期にわたる場合は，必ず定期的に中間報告をしましょう。上司は部下の進捗状況が把握できないと，大変不安に思うものです。
　定期的な上司への報告は，アドバイスを頂戴したり，上司を安心させるメリットがあります。悪いことほど速く報告して，速く対策をたてましょう。問題解決の対応が遅れると，命とりになります。

　上手に報告するポイントは以下の通りです。

```
① 業務が終わる前と中間のタイミングで，上司に尋ねられる前に必ず報告をしましょう。
② 結論から先に述べましょう。次に理由，経過の順に，要点をまとめて報告しましょう。
③ 自分の意見，推測，反省点などは，報告の最後に付け加えましょう。
④ 記録に残すために，報告書は報告と同時に提出するか，報告後すぐにメールします。
```

(2) 連絡とは

　実際業務で起きたことや起こっていることを伝えるのが報告です。そして連絡は，これからの予定を伝えたり，確認したりすることです。どんなに些細なことでも上司に連絡をして，未然にトラブルを防ぎましょう。
　連絡を通して上司と情報交換をすることによって，情報がアップデートされて，業務を効率よ

く遂行することができます。そして，クライアントとの対応やサービスをより良くすることが可能になります。連絡はマメにしましょう。

(3) 相談とは

業務上の疑問点や不安に思っていることなどを，上司や先輩に聞いていただき，アドバイスしてもらうことです。忙しい時間を割いて相談に乗っていただくため，上司の都合を最優先にして，話し方，言葉遣い，真摯な態度，低姿勢に十分気を付けること。

上手に相談するポイントは以下の通りです。

---
① 自分の考えを述べる際，断定的に話すのではなく，相手にお伺いを立てるように話すこと。「私は○○と思うのですが，部長はいかが思われますか？ ご意見を頂戴できれば幸いです。」
② 自分とは違ったさまざまな意見を頂戴し，それらを集約し，吟味し，視野を広げてから判断解決をすること。
③ 上司・先輩は，自分よりも多忙なはずです。「お忙しいところ，ご相談に応じていただき，誠にありがとうございます。」と必ず低姿勢で，心をこめてお礼を述べましょう。

18-3　上司とのコミュニケーションの実践

演習 18-1

あなたは，会社の重要なセレモニーで使う，製品の発注担当です。あなたは誤って，納入業者に納品希望日をセレモニーの後の日にして，製品を注文してしまいました。今日の業者とのやりとりで，連絡ミスをしていたことがわかりました。あなたはどんな行動をとるべきでしょうか？

解説 18-1

あなたの取るべき行動の例を解説します。
① まず上司に報告します
　・自分の連絡ミスであったことを伝えます
　・もし納入業者に落ち度があった場合はそのことも伝えます
② 上司や先輩に相談します
　・良いアイデアがあるかもしれません
③ 納入業者に連絡します
　・製造予定を早められないか依頼します
　・必要があれば追加費用の可能性も聞いておきます
　・部分的に繰り上げ納品ができないか聞いておきます
④ 上司に納入業者と話した結果を逐次連絡し，指示を仰ぎます
　・納期が間に合うかの状況
　・追加費用の件
　・分割繰り上げ納品の数量とスケジュール
③と④を繰り返し，問題解決に努めます

18-4　この章のまとめ

　仕事は「指示・命令」から始まり，終了後の「報告」で完了することを認識しましょう。報告・連絡・相談（ホウ・レン・ソウ）のコミュニケーションは，上司と部下の信頼関係を構築し，会社が機能するための基礎となります。

第19章
部下とのコミュニケーション

　本章は,「上司とのコミュニケーション」の章で学んだことのミラーイメージになります。すなわち,部下が理解できる「指示の出し方」と,部下が「ホウ・レン・ソウ」(報告・連絡・相談)をしやすい環境をつくること,そして部下のやる気を高める指導をすることがポイントとなります。

19-1　部下への指示の出し方

(1) 上手に指示を出すポイント

　一度にたくさん伝えてしまうと,部下は混乱します。一度に伝えることは3つまでと決めておき,部下がメモを取れるように指示を出します。このようにすると,聞きもらしや伝達ミスを防ぐことができます。一通り指示を出し終えたら,部下に疑問点や不明点がないか,指示したことができるかどうかを確認します。また,指示は思いつくままにするのではなく,事前に部下の負荷を確認し,計画を立ててから出すのがベストです。

　指示は優先順位をつけて出します。あなたが思っている以上に,部下は優先順位がつけられません。優先順位の指示がないと,部下はリーダーに言われた順番に仕事をしようとするか,あるいは勝手な判断をします。指示が複数なら優先順位をつけるべきです。

(2) 指示は5W3Hで具体的に出します

```
Why       なぜそうするのか？（理由）
What      何をするか？（目的,目標）
When      いつまでに？（期限,約束の時間）
Who       誰が,誰に？（担当,分担,顧客）
Where     どこで？（場所,行き先）
How       どのような方法で？（方法,手段,仕上げ方）
How much  いくら？（費用）
How many  いくつ？（数量）
```

19-2　部下が「ホウ・レン・ソウ」(報告・連絡・相談) をしやすい環境をつくる

(1) 声がけをして，部下と関わり続ける

　指示を出した後，上司は部下がしっかりとできているかどうかを確認し，必要に応じて相談にのります。指示を出した仕事を部下が終了するまで関わり続けることが大切です。部下の立場からすれば，上司は仕事の指示を出すものとわかってはいても，「丸投げ・ほったらかし」だと，仕事に対して「やらされ感」が高まるものです。さらに，上司本人が「仕事の指示をしたことを忘れていた」などは最悪で，部下としては一気にやる気がなくなり，上司との信頼関係は破たんします。これを防ぐためにも，上司から部下に働きかけることが大切です。

　タイミングを見はからいながら，上司から部下に「その後，どう？」と声をかけることを忘れないようにしたいものです。

(2) 仕事の指示を出すときに進捗報告事項と期限を提示しておく

　頻繁に声をかけるほど，上司には暇はありませんし，部下にとっても時として，プレッシャーがかかることがあります。そこで，最初に指示を出すときに，あらかじめ進捗報告事項と期限を提示しておくとよいでしょう。

　例えば，「指示内容を企画書にまとめて，3日後，報告に来るように。それまでに迷うことがあったら，いつでも遠慮なく相談に来なさい」と伝えます。そして，3日後に報告に来た際に，「次は，○○について，実際に取りかかる時（5日後）に」というように，次回のテーマとタイミングを決めておきます。その合間に声をかけると，細やかな進捗把握ができますし，部下の「やらされ感」はぐっと少なくなります。

19-3　部下のやる気につながる叱り方とほめ方

　部下に対する指示や声がけは，画一的・一方的ではなく，案件の内容と部下個々人の能力・性別・思考パターンなどを考えて，それぞれに適した内容にカスタマイズしてすることが大切です。

(1) ほめ方

　他人をほめる時のポイントは，「結果承認」「事実承認」「存在承認」の3つです。
　① 結果承認は，例えば，最終結果を達成したときに，「よくやり遂げた」とほめることです。
　② 事実承認は，例えば，「この資料，わかりやすくなったね」など，結果にかかわらず，その「事実」を言葉にすることです。
　③ 存在承認は，「あなたがいてくれて助かる」「あなたがいるだけで安心する」「あなたと一緒に喜びたい」と相手の存在そのものを認める言葉がけです。

男性は「結果承認」を求める人が多い傾向にあるといわれているため，男性上司の多くは部下をほめる時に，結果承認だけで十分だと思います。逆に，多くの女性が求めているのは「存在承認」なのです。存在承認をされると，「この人のために頑張ろう」とやる気が出るのです。男性でも女性でも「事実承認」を求める傾向は共通しています。

(2) 叱り方

　叱り方で注意すべき点は，女性は，相手の表情や語気などから相手の感情を敏感に察する能力が高いということです。「怒鳴る」と「叱る」を勘違いしている男性上司が多いと思われます。「怒鳴る」ことで，多くの女性は萎縮し，高圧的・威圧的な叱り方は「パワハラ」と受け取られかねないので注意が必要です。

　怒鳴らずに「叱る」方法は，起こった事実を伝えて「反省してほしい」と伝えればよいのです。また，「何でできないのか」と詰問するのではなく，「どうすればできたのか？」と質問すると良いでしょう。叱るという行為は，同じ失敗を繰り返させないためのコミュニケーションです。その叱る手順は，質問を投げかけて相手に考えてもらうことが，失敗から学ぶ指導方法です。「コーチング」の章で質問の仕方は学びましたので，ここでは，ほめ方・叱り方に有効な4つの質問を紹介します。

① 何が起きたのか
② 本当はどうしたかったのか
③ 失敗の原因はどこにあるのか
④ この失敗を次にどう生かすのか

　こうしたほめ方・叱り方の基本を理解した上で，次の思考パターンに合わせた，ほめ方・叱り方を学んでいきます。

(3) 思考パターンに合わせた，ほめ方・叱り方

　「言語プロファイリング」の章で学んだ思考パターンに合わせた，ほめ方・叱り方について，以下，例を説明します。

① 目的志向型をほめる
　　このパターンを持つ部下は，仕事に区切りがついたら，結果を適切に評価して，具体的にほめましょう。この時，部下の報告には熱心に耳を傾け，提出された書類にはくまなく目を通します。計画や目標を達成した部下は，上司に仕事の成果をよく理解してほしいものです。成果を十分理解し，納得することが，ほめるために必要な条件です。
② 内的基準型を叱る
　　このパターンを持つ部下は，基準を自分自身に置く傾向があり，自分の考えを防衛しようとします。したがって，部下の考えを完全否定するような叱り方をしてはいけません。

あえて，部下の逃げ場を残し，「きみならわかるはずだ」と内省させます。

③ 外的基準型を叱る

このパターンを持つ部下は，関心が自分の外に向いており，基準も外に求める傾向があります。したがって，このタイプを叱る時は，部下のミスによる組織やチームに与える影響を考慮した視点で叱ると効果的です。また，周囲の意見に合わせる一面もありますので，「チームの皆が思っている」ことを伝えるだけでも，行動を改善しようとします。

④ プロセス型をほめる

このパターンを持つ部下から仕事の経過報告を受けた際や，途中の様子を見てほめることは，仕事の進め方を承認することになります。これにより部下は安心して作業を続けることができます。また，苦労して悩んでいる場合には，技術的な助言を与えながら，それまでの良かった点や努力を認め，ほめることが仕事への意欲を引き出します。

⑤ 全体型に仕事の指示を出す

このパターンを持つ部下は，仕事の指示の際に，「なぜ，この仕事をやる必要があるのか」「この仕事をやることで，本人にとってどんなプラスがあるか」という全体像を見せながら，しっかりとした動機付けをすることが大切です。

19-4　部下とのコミュニケーションの実践

演習 19-1

顧客からクレームが入りました。どうやら，あなたの女性部下のAさんがミスをしたようです。彼女は外的基準型のパターンを持っています。あなたは彼女をどう叱りますか？

解説 19-1

あなたの叱り方の例を解説します。
まずAさんに次の質問をし，Aさんの話をじっくり聞きます。

① 何が起きたのか
② 本当はどうしたかったのか
③ 失敗の原因はどこにあるのか
④ この失敗を次にどう生かすのか

そして，Aさんのミスが組織やチームに与える影響や，組織メンバーがすべて④の改善を望んでいることを伝えます。

③と④を繰り返し，問題解決に努めます。
こうするとAさんは行動を改善しようとします。

19-5　この章のまとめ

あなたの上司の嫌な行動と同じことを，あなたは自分の部下にしていませんか？
上司の嫌な行動をみつけたら，自分の部下に対する行動を見直してみましょう。
「部下が理解しやすい指示」「部下が報告しやすい環境」「部下のやる気を高める指導」を心がけていけば，あなたの組織のアウトプットも向上していきます。あなたが部下と話すときは，部下の反応をしっかりと観察し，部下の状況に合わせてコミュニケーションを取ることが大切なのです。

第20章
電話によるコミュニケーション

　電話は，顔の見えないやりとりです。特にビジネスでの電話は，あなたの電話ひとつで会社・企業の印象が左右されます。特に営業の業務の場合には，電話の受け答えや電話対応は非常に大切です。

20-1　電話応対のポイント

　先方もこちらも，限られた時間の中で業務をしています。電話をかける時の心得は，準備は十分に，用件は簡潔にすることです。

(1) 電話をかける前は準備をする
①　用件と話す順序をメモする
　　電話をかける前に，あらかじめ用件や内容をまとめておいたり，箇条書きにしておくと順序だった会話ができます。
②　必要な書類や資料をそろえる
　　電話をかけてから資料を探したりすることのないように，用件に関する資料はデスク上に準備します。話の内容をあらかじめ頭に入れてから電話します。
③　間違い電話をしない
　　勘違いやうろ覚えで間違い電話をしないよう，あらかじめ相手の会社名・所属・名前・電話番号を確認しておきます。特に名前の読み方は，きちんとおさえておきます。

(2) 電話をかけるタイミング
①　朝一番は避ける
　　急用や重要な用件の場合以外，朝一番は避けます。始業時には，先方も朝礼や事務連絡などで忙しい時間帯です。できるだけ始業から10分くらいは電話の発信は避けるのがよいですが，どうしても朝一番に電話をかけざるを得ない場合には「朝早くからすみません」「お忙しい時間帯に申し訳ありません」などと一言そえます。
②　時間外は避ける
　　緊急の場合以外は，昼休みや営業時間外に電話をするのは避けます。休憩は必要です。当人が不在の場合には，電話を受けた人に迷惑がかかります。円滑な人間関係のためにも，時間外にはなるべく電話をしないようにします。どうしても昼休みや時間外に電話をかけざるを得ない場合には「昼休み中に申し訳ありません」「時間外ですがよろしいでしょうか」な

どと一言そえます。
③　帰宅間際は避ける（帰宅間際の時間帯は避ける）

先方がどの程度の残業をする人物なのかがわからないうちは，終業時間ギリギリの電話はなるべく避けた方が無難です。退社時刻前の電話は嫌われることがあります。特に託児所に子どもを預けている女性社員などは，退社時刻に非常に敏感ですので，配慮するようにします。

(3) 電話はやさしく切る（電話の切り方のマナー）

①　電話はかけた方が切る

電話はかけた方が切るのが基本。切り方は，受話器をガチャンと置くと，相手に不快な感じを与えてしまいます。静かにそっと受話器を置けば良いのですが，丁寧にしたい場合には，空いているほうの指でフックを押さえ，通話が完全に切れたことを受話器からの音で確認してから，受話器を置きます。

②　相手がお客様の場合には，先方が切ってから切る

こちらからかけた電話であっても，相手がお客様の場合には，相手が切ったのを確認してから電話を切ります。

20-2　電話のとりつぎ方

電話をとりつぐ時には，相手が支払う電話料金も考慮して，短時間で効率よくとりつぐのが基本となります。表20.1は，電話応対の会話一覧表です。

表 20.1 電話応対の会話一覧表

状　況	電話応対
電話が鳴る（3コール以内に取る）	「はい，○○会社でございます。」（モシモシはいりません）
商品の問い合わせや苦情など，特定の指名がない場合	「少々お待ちください。ただいま係へ電話をおつなぎいたします。」（電話を回す）
相手が名乗らない	「恐れ入りますが，お名前をお聞かせいただけますでしょうか？」
相手が名乗る	「いつもお世話になっております。」
相手を待たせる	「少々お待ちください（保留にする）。」
電話を再開する	「お待たせいたしました。」
相手に対するあいづち	「さようでございますか。」
クレームや，相手の要望に答えられなかったとき	「申し訳ございません。」
相手の話を理解し返事をするとき，注文を受けるときなど	「かしこまりました。」
電話を切る	「失礼いたします。」 （電話を受けた場合は，相手が切るのを待つ。先に切ることは失礼にあたるので注意）
まずは謝罪し，そしてとりつげない理由を述べる	「申し訳ございません，あいにく○○は席を外しております。」
指名された人間が通話中の場合	「あいにく○○は別の電話に出ておりますが，お急ぎでしょうか。」（待ってもらえる場合は，電話中の当人にメモを入れる。）30秒たっても，とりつげなければ「もう少々お待ちいただけますか」と告げる。
指名された人間が会議中の場合	「あいにく会議中でございます。」
指名された人間が来客中の場合	「ただいま来客中でございます。」
指名された人間が外出中の場合	「あいにく外出中でございます。」
指名された人間が多忙の場合	「あいにくただいま手が離せません。」
指名された人間が何時なら電話できるのか，わかる場合は伝える	「3時には終わる（戻る）予定です。」 「まもなく終わり（戻り）ます。」
指名された人間にこちらから電話をさせる場合	「終わり（戻り）ましたら，こちらから連絡差し上げるようにいたしましょうか。」
相手の連絡先を聞く場合	「念のため，（もう一度）お名前とご連絡先を伺ってもよろしいでしょうか。」
伝言が必要か聞く場合	「お急ぎのご用件でしょうか。おさしつかえなければ，わたくし，△△が承りますが。」
伝言を頼まれたら	「かしこまりました。」 「はい，承ります。」 （用件をメモし，必ず相手に内容の確認を取る）
最後に	「わたくし，△△が承りました。」 （自分の名前を名乗り，あとは挨拶をする）

用件の聞き方は，メモを取りながら受け答えします。社名，氏名，日時，用件，理由などを正確に記入します。聞き取れない場合は「もう一度お願いします」と，丁寧に聞き返します。

　話の途中で，自分には処理できない内容だとわかった時は，「おそれいります。担当の者と代わりますので」と断り，担当者に経過を手短に話して代わります。

　大体の話が終わったら，聴き間違いや聞き漏らしのないように，「ご用件を繰り返させていただきます」とメモ用紙を復唱して，相手の確認をとります。

20-3　電話によるコミュニケーションの実践

演習 20-1

　2人でペアを作り，電話をかける人と電話をとりつぐ人になり，電話のとりつぎ方の練習をします。表20.1の電話応対の会話一覧表を参照しながら，すべてのパターンを行ってください。

20-4　この章のまとめ

　社員1人1人の電話応対の良し悪しが，会社のイメージを決定します。明るく，はきはきと，ていねいに応対してくれる相手であれば，好感の持てる会社のイメージが膨らみます。電話の声は「会社の顔」と心得て，本章の内容を繰り返し復習しましょう。

第21章
怒っている人とのコミュニケーション

　クレームとは，お客様が実際に得たものやサービスが期待していた水準を下回った時に，不満を感じたり，不快になったりした内容を訴えることを言います。

```
期待水準 ≦ 実際に得たものやサービス（価値） → 満足
期待水準 ＞ 実際に得たものやサービス（価値） → 不満・不快 → クレーム
```

　苦情・クレームは，最初の対応がとても重要です。最初の対応で親身になってもらえなかったり，たらい回しにされたりすると，必要以上に大きなクレームになることがあります。
　クレームは相手が感情的になっていますので，努めて冷静に誠意をもって応対すれば，製品やサービスを改善する貴重なアドバイスになることもあるのです。

21-1　クレーム対応のポイント

　クレームを聞く3原則には

```
・相手の話に耳を傾ける：逃げないで，言い訳をしないで，最後まで聴く
・相手の状況を判断する：相手の置かれている状況について情報を集める
・相手はどうしてほしいのかを探る：相手の立場に立って考える
```

があります。そして苦情・クレーム対応には

```
(1) まず謝り，状況を理解するために最後まで話を聴く
(2) 何が問題になっているか，事実を確認する質問をする
(3) 問題の解決案や代替案などの解決策を提示する
(4) 再度のお詫び，感謝
```

4つのステップがあります。以下，各々のステップについて詳しく解説をします。

(1) まず謝り，状況を理解するために最後まで話を聴く
　① 相手の立場に立って耳を傾けることで，話を十分に聞いてくれないという不満を解消する。笑顔ではなく真剣な面持ちで，共感を込めて誠実に見つめる。

② 相手が不満や不快を感じていることに対して，すべてを受け入れ心を込めて謝る。
③ 明るい声ではなく，トーンを落とす。
④ 単調で事務的にならないように注意し，相手の心に響くように，効果的な相づちを使って話を聴く。
⑤ 勝手な自己判断は避け，クレーム内容に関して，事実・感情・欲求を的確に把握する。

(2) 何が問題になっているか，事実を確認する質問をする
① 相手から聴いた話を繰り返したり，まとめた内容を確認したりして，相手の気持ちを理解したことを伝える。状況を復唱し，謝罪の言葉を加える。
② 冷静に事実関係や状況を把握する。以下のような内容を正確に把握する。
  ・いつ，どこでトラブルが発生したか？
  ・どんなことが起こって，何に対して不満を感じていらっしゃるのか？
  ・誰が不満を持っているのか？
  ・問題点は何なのか？
  ・当方に対して，どうしてほしいと思っているのか？　など
③ 適切な質問で事実を確認する。以下のような質問を活用する。
  ・当事者意識を高めるために「訊く」→「○○についてはどうお考えですか？」
  ・重要なことの念押しのために「訊く」→「○○については理解いただけたでしょうか？」
  ・確認したいことを直接「訊く」→「どんなご不便をおかけいたしましたか？」

(3) 問題の解決案や代替案などの解決策を提示する
① 心から謝り，具体的な解決案や代替案を提示し，できる限り早く問題が解決するように努力する姿勢を伝える。
② 自社に非があった場合は，深くお詫びをして，新しい商品と取り替えるなど，きちんと補償を行う。「解決策」を提示する際には，もったいぶらずに，さりげなく提案する。
③ 状況が不明瞭で即答できない内容に関しては，具体的な調査方法や時期を提示し，協力を依頼する。担当者に確認することを伝え，迅速に対応する。
④ どうしようもなく，「お断り」する場合には，先方の心情を理解し，そのことに共感した上で，当方の理由・立場を説明する。最後には「あなたが言うならしかたがない。あきらめるよ」と言っていただけるまで根気強く誠意をもって説明する。

(4) 感謝し，再度謝る
① 「ご指摘いただき，ありがとうございました。今後，同じことを繰り返さないようにいたします」など指摘いただいたことに感謝し，再発防止に尽力する姿勢を伝える。
② 十分注意することを約束し，最後に心を込めて謝る。

21-2 相手から怒られた時の会話表現

相手が怒り，クレームを入れてきた時に対応する会話表現の例を表21.1にまとめました。

表21.1 クレームに対する会話表現例

状　況	会話表現例
相手のクレームを聞く	「どのようなことか，お聞かせ願えますか？」 「お手数ですが，詳しくお聞かせいただけますか？」 「早速，お調べいたします。」 「えっ！」「えっ，そうだったんですか？」
相手に共感を伝える相づち （相手の状態がよく理解できるという表現）	「そうお感じになるのももっともです。」 「そのときのお気持ち，よくわかります。」 「そういうご事情だったのですね。」 「そのようなことがございましたか。」 「まあ，そんなことまで・・・。」
相手を慰労する相づち（相手の大変さ，つらさなどに共感する表現）	「それは，ご不便だったでしょう。」 「それは，おつらかったでしょう。」 「それは，お困りですね。」 「それは，驚かれたでしょう。」 「それは，がっかりなさったでしょう。」 「何と申し上げればよろしいのか。」
相手のクレームに対して謝罪する	「ご不便をおかけして，申し訳ございませんでした。」 「ご不快な思いをさせてしまい，申し訳ございませんでした。」 「お手数をおかけして，申し訳ございませんでした。」 「お時間をとらせてしまい，申し訳ございませんでした。」 「説明が不十分で，申し訳ございませんでした。」 「長くお待たせして，申し訳ございませんでした。」
相手のクレームによる指摘に感謝する	「ご注意いただき，ありがとうございました。」 「お知らせいただきまして，ありがとうございました。」 「わざわざお越しいただき，ありがとうございました。」 「貴重なご意見をお聞かせいただき，ありがとうございました。」 「おかげで気づかせていただきました。」 「そこまでご配慮いただき，本当にありがとうございます。」 「そのお気持ちはとてもありがたいです。」
相手のクレームに対する今後の対応を説明する	「今後，十分注意いたします。」「二度とこのようなことが起こらないように，全職員に徹底いたします。」
相手が誤解や勘違いをしている （イエス・バット方式）	イエス： 相手の発言をそのまま繰り返し，相手の今の感情に共感する バット： 断定的に言わずに，相手に気づいてもらえるような質問をする 「ただ，○○のようなのですが，お心あたりはございませんでしょうか。」 「恐れ入りますが，○○についてご確認いただけませんでしょうか。」
相手が自分の誤解や勘違いだとわかった	「わかりにくい表示で申し訳ございません。」 「私もうっかりすることがありますので，どうぞお気になさらないください。」 「おかげで，○○さんとお話することができて嬉しかったです。」
お客様の立場に立って，具体的な解決案や代替案を提示する	「お客さまのご事情も大変よくわかりました。それでは早速○○とさせていただきたいのですが。」

21-3 怒った相手に対するコミュニケーションの実践

演習 21-1

クレームに対して，次のような言葉にはどのようなものがあるか記入してください。

(1) お詫びの言葉（例：「申し訳ございません。」）

(2) 感謝の言葉（例：「ありがとうございます。」）

(3) 共感する言葉（例：「おっしゃる通りでございます。」）

演習 21-2

携帯電話の手続きに来たAさんは，待合スペースで30分も待っています。しかし，まだ呼ばれる気配がありません。Aさんは受付スタッフに詰め寄りました。

Aさん：　　　「どうしてこんなに遅いんだ！」（怒った声）
受付スタッフ：「すみません。今日は故障対応のお客様が多く，みなさんにお待ちいただいております。」
Aさん：　　　「あとどのくらい待てばいいんだ。」
受付スタッフ：「他でも待っている方がいますので，何とも言えません。」

(1) Aさんは，どういう気持ちや状況をわかって欲しいと思ったのでしょうか。Aさんの気持ちを想像してみましょう。

(2) 受付スタッフのせりふを変えて演じてみましょう。Aさんのせりふも，受付スタッフのせりふに応じて変えて演じてみましょう。Aさんはどんな気持ちになったでしょうか。

21-4　この章のまとめ

　クレームは，情報として蓄積することにより，「製品・サービス改善」，「マーケティング情報」，「リスク管理」として活用できる「宝の山」となります。「解決したら終わり」ではなく，しっかりと情報を管理し，共有して，今後に活かせるようにすることが大切です。クレームをチャンスと捉えて対応すれば，クレームが善意に解釈でき，おのずと心の込もった対応ができるのではないかと思います。

第22章
悲しんでいる人とのコミュニケーション

　皆さんは，大きな喪失体験があった時に，どのようにその「悲しみ」を乗り越えているでしょうか。長い人生の中で「一度も喪失体験がない」という方はいないと思います。例えば，ビジネスパーソンとしてコミットしていた職務や所属組織を失ったり，スポーツ選手が引退期に，選手というアイデンティティーの喪失を感じたり，可愛がっていたペットを亡くしたり，プライベートでパートナーと離別するなどさまざまな喪失があります。

　これらの中でも，喪失体験としてひときわ大きく，また経験する方が多いのが，家族など近親者との死別でしょう。大切な存在を失ってしまったときに，その大きな悲しみをどう乗り越えていけばいいのか，あまり語られることはありません。本章で学ぶのは，喪失を体験している人へのケアである「グリーフケア」という概念です。

22-1　喪失を体験している人へのケア（グリーフケア）

　グリーフケアとは，もともと，愛しい人と死別した家族がその悲嘆（英語でグリーフ grief）を乗り越え，悲嘆から立ち直り，再び日常生活に適応していくためのプロセスのことです。

　もともと欧米の病院で実施されてきた概念であり，日本ではまだあまり知られていません。

　グリーフケアは，その遺族が悲しみの過程（グリーフプロセス）を乗り越え，悲嘆から立ち直り，再び日常生活に適応していくという仕事（グリーフワーク）をする中でのサポートのことを言います。図22.1にフィンクの5段階のグリーフプロセスとデーケンの12段階のグリーフプロセスの対応関係を示します。

図 22.1　フィンクとデーケンによるグリーフプロセス

22-2 相手に寄り添うポイント

図22.1の各グリーフプロセスに従って，相手の状態と相手に寄り添うポイントを表22.1にまとめました。

表22.1 グリーフプロセスにおける，相手の状態と相手に寄り添うポイント

プロセス	相手の状態	相手に寄り添うポイント
対象喪失 <u>ショックの時期</u>	・情動や現実感覚の麻痺。涙も出ない，体の力が抜けるなどの身体反応。	・本人のそばにいて，そっと温かく見守ることが大切である。 ・無理に感情表出を促そうとする介入は避け，沈黙を受け入れる。 ・非言語的コミュニケーション（スキンシップなど）が効果的である。 ・別れに伴う細々とした手続きやその他の雑用などは，代行者の存在が必要である。 ・重要な決断を下さないように注意する。
否認 <u>防衛的退行の時期</u>	・否認や現実逃避などの防衛規制が働く。徐々に不安や緊張感が意識される。このような不快感を意識化されないために心理的防衛規制が働く。 ・実際に，外界とのつながりを一時的に遮断させることもある。	・無理に現実を突きつけようとしないように注意する。 ・現実を受け入れるまでの時間は，人によって異なるのは当然であり，それぞれに必要な時間を十分に提供する。 ・つじつまの合わない内容が語られたとしても，それを聞き直すことをしない。 ・「行動化」に伴う事故には十分に注意する。 ・精神状態だけでなく，睡眠の状態や食欲など，身体状態に留意しながら見守る。
現実検討 <u>承認に伴う動揺の時期</u>	・現実を否認しながらも日々の生活によって少しずつ，避けられない現実と直面する。この現実検討の作業に伴ってさまざまな感情が体験される。 ・怒りの感情が表に出される。怒りの感情が八つ当たり的に周囲の人々に向かう。怒りを出しきった後で，涙が止まらない，意欲減退したり，自分が健康でいることへの自責の念が襲ってくることもある。 ・不眠が強くなり，食欲不振や無気力感などが著明になることもある。	・怒りや悲しみや罪責感を表出させる。自然に感情を表出しやすい環境を整える。 ・この時期に現れる怒りの感情は，その後に予想される悲しみに直面することへの猶予であるため，避難したり否定したりしないようにする。 ・怒りに伴う八つ当たり行動を責めたり，巻き込まれたりしないためには，悲しみを怒りの行動で表出していると理解する。 ・怒りが否認されると，行き場を失った感情が自己に向かうことがあり，自殺念慮へと変化することもあるので注意する。 ・「怒るのは当然である」と受け止め，本人が孤立しないように配慮する。 ・悲しみの感情に対しては，「早く立ち直ろう」とか，「いつまでも悲しんでないで」といった安易な慰めや励ましは，かえって傷つける結果を招くので注意する。 ・悲しいことは当然と述べ，悲嘆の事実を保証する。 ・1人で十分に泣ける時間と場所を提供し，静かに側に寄り添って感情を共感していく。 ・傾聴の姿勢を貫き，受容的に接する。

抑うつ <u>承認の時期</u>	・現実検討の作業が進み，さまざまな葛藤を経て，徐々に現実が受け入れられていく。 ・悲しい出来事を受容することへの抑うつ感が体験される。	・抑うつ的になることは，心のエネルギーを充電するために必要な時間であることを強調。待つことが大事である。 ・焦らず，性急に事を運ぼうとせず，しっかり見守る。 ・「何か役に立てることがあったら言って欲しい」と述べるに止め，無理に介入しない。 ・周囲からの自然なサポートや時間経過によって，この時期を乗り越えていくことが，時に治療を要する抑うつ状態が現れることがあることを知っておく。 ・抑うつ状態にある人は，注意力や判断力が低下するため，事故や怪我などに注意する。 ・悲哀の作業を行う過程では，病気の罹患率が高くなることがあるので，より一層健康に留意する。 ・精神症状を見ると同時に，睡眠や食欲などの身体症状についても注意する。
再適応 <u>出発の時期</u>	・現実を受け入れ，死を悼む気持ちだけが残る。思い出の中で涙を流したり，突然の悲しみに襲われたりすることもある。しかし，次第に日常生活は苦痛を伴わなくなり，悲哀感を乗り越えて新たな方向へ向かうようになる。	・悲しみの中にありながらも，自分の心を見つめる作業をすることが大切である。苦しくても現実をしっかり受け止めて，事実の受容から第一歩を踏み出すことが必要となる。 ・亡くなった方を追想する場面では，その思い出を供給し，十分に話を傾聴する。 ・「辛い時期を乗り越えて本当に良くやってきた」ことを言葉で伝えサポートする。 ・未だに悲しみが込み上げてくる自分を責めているような場面では，「当然の反応であり，むしろそれは亡くなった方への供養である」ことを伝える。 ・悲嘆は必ず癒され，新たな生き甲斐を求めて再生できる力を誰もが持っていると信じる。 ・故人と死別後，その体験を活かして今後なすべき使命について語り合う。 ・生活のメリハリ，家族の絆を強めるための方策，仕事への復帰の仕方について，相談にのり援助する。 ・自助グループの紹介，遺族会のお知らせ，地域の中での継続的ネットワーク作りに尽力する。普段から，社会資源を把握し，より適切な社会資源へつなげていく。

22-3　悲しんでいる人とのコミュニケーション

演習 22-1

次の言葉は，遺族が傷つく言葉です。どうして傷つくのか，そしてどのようなアドバイスを遺族に伝えればよいのか，個人またはグループで考察してみましょう。

- 「いつまでも泣いていてはだめ。そんなことでは亡くなった人が浮かばれない。しっかりしなさい。」
- 「そんなこと言わないで，頑張りなさい。」
- 「気持ちの持ちようよ。」
- 「あなたよりももっと大変な人がいるんだから。」
- 「まだ若いんだから，いくらでもやり直せるわ（再婚できるわよ）。」
- 「気持ちはよくわかります。」
- 「時間が解決してくれる。」

解説 22-1

遺族自身が実感できる言葉がけが大事です。同じ経験もしていない第三者からの心ない言葉に，遺族は傷つきながらもそうできない自分を責め続けてしまいます。

悲嘆している遺族へのアドバイスは，次のようなものがあります。

- 「気持ちが不安定な時は，大きな決断をしないほうが良い。」
- 「悲嘆から回復していくためには，泣くことや語ることは悪いことではないし，むしろ大切なこと。」
- 「今の状態は決して異常ではない。」
- 「悲しむことは健康なことであって，病気ではない。」
- 「怒りや罪悪感を感じるのは自然な反応。」
- 「他者の救助を求めるのは適切なこと。それは健康な力。」

22-4　この章のまとめ

　喪失体験をした人が，自己への執着から自己を超えてゆくプロセスは，グリーフケアにおいて「グリーフプロセス（grief process）」と言われています。哲学者のアルフォンス・デーケンは，このグリーフプロセスを12段階に分けて考察しています。そして，その悲嘆の最終段階で，人は新しいアイデンティティーを獲得し，より成熟した新しい人間として生まれ変わります。悲劇的な体験は，人から人生の希望と喜びを奪い，残りの人生をうらみの中に過ごさせることもあります。

　しかし，グリーフプロセスを創造的に乗り越えた人は，他者の苦しみに深い理解と共感を示し，時間の貴さを認識し，人間関係の素晴らしさとその限界を知り，人間の生命とその可能性，また死後の問題などに，より深い関心を抱くようになるのです。

第23章
面談におけるコミュニケーション

23-1 好感を得るポイント

　人は自分を映す鏡です。あなたの相手に対する気持ちと同じ気持ちを，相手があなたに持つようになります。ビジネスの面談において，あなたが明るく積極的に接すれば，相手からも好意を持たれるようになるのです。
　相手から好感を得るには，次の3つのポイントがあります。

(1) 人間好きになる
　① 自分から相手に好意を持ちます
　　　人は，自分に好意を持ってくれる人を好きになるものです。自尊心を満足させられると，友好的・協力的になり，多少の無理がきく協力関係が生じます。
　② 相手を思い込みで判断しない
　　　相手をうわべや自分の思い込みで判断してはいけません。第一印象が気難しそうで近寄りがたくても，こちらが心を開けば，相手も心を開いてくれるものなのです。
　③ 相手との接触回数を増やす
　　　相手との接触回数が増えれば，その分だけ，相手はあなたに好意を抱きます（ザイアンスの単純接触効果）。
　④ 本音で付き合えるようになる
　　　取引は，長い目で見ると持ちつ持たれつです。タテマエだけではなく，相手と本音で付き合える関係になることが信頼関係をより深くします。

(2) あいさつを大切にする
　① 感じのよいあいさつをする
　　　相手に良い印象を与えるためには，相手より先に，明るい声でさわやかに挨拶することが効果的です。
　② お辞儀の仕方にも気を配る
　　　お辞儀はよい姿勢からしましょう。腰を折るように屈体し，背中，首筋が一直線になったお辞儀がきれいな形です。好感の持たれるお辞儀は，第一印象をより良いものにします。

(3) 相手を打ち解けさせる

① 共通の話題を見つける

出身地の話，スポーツの話，共通の知人の話など，共通の話題を見つけて話していくうちに親近感が深まっていきます。

② 聞き上手になる

商談に乗ってこない相手でも，自分の趣味や特技の話になると乗ってきます。これは，人間の自己承認欲求によるものです。相手の好きな話題を辛抱強く聞いているうちに，相手は商談にも乗り気になってくるものです。アクティブ・リスニングの章で学んだ聞き上手のスキルを使えば，相手も打ち解けてきます。

23-2　相手と自分の相違を知る方法

孫子の兵法で「彼を知り，己を知れば，百戦して危うからず」という名言にもあるように，交渉は，相手と自分をよく知ることから始まります。

(1) 交渉相手を知っておく

① 相手の何を知ればいいか

年齢，地位，職歴，家庭，趣味，嗜好，スポーツ，性格，出身などをつかんでおきます。

② 相手の情報をどこから得るか

自社内の相手と交渉をしたことのある人間から聞く，インターネットで検索する，ソーシャルメディアで調べる，企業職員録でもある程度調査できます。

(2) 自分の性格について知っておく

自分のことは自分が一番よく知らないというように，自分の特徴や性格はなかなか自分では気づかないものです。心理テストなどで自分の性格はある程度わかりますし，事前に自分自身で自分の長所や短所をできる限り書き出しておいて，信頼のおける上司や友人などに率直に話してもらい，自分の認識と他人の評価のギャップを把握しておくのも，交渉で活かすためにはいいかもしれません。

(3) 顧客の情報をつかんでおく

企業を訪問して営業活動をするときは，その企業のビジョン，沿革，業種，経営状況，商品・サービスなどは最低限，調べておきます。その企業のホームページを見れば，大体のことはわかります。その会社が上場していれば，IRのページから必要な情報を得ることができます。

個人の場合でも世帯主，家族構成，世帯主の勤務先，年収，資産保有状況などを把握しておけば，顧客の求めている情報提供やアドバイスをしながら，売り込みのチャンスを作ることができます。情報をファイルしておけば，顧客になった後も継続して関係性を保つことができるので

す。
　雑談で共通の話題を見つけてお互いの心を開くと，ビジネス交渉が円滑になることがよくあります。話題の例としては「季節，道楽や趣味，ニュース，旅，知人，家族，健康，仕事，衣服やファッション，食事や料理，住まい」などがあります。これらの頭文字をとって，「キドニタチカケシ衣食住」と覚えておくと便利です。

23-3　相手のニーズをつかみ，掘り起こすコミュニケーション

　交渉の前提は，商品やサービスの必然性です。そこに顧客のニーズがなければ，どんな素晴らしい交渉術を持っていても商談は成立しません。セールスマンの重要な役割のひとつは，相手の顕在化しているニーズをつかむことと潜在的なニーズを掘り起こすことなのです。

(1) 顧客のニーズをつかむには

　まず，第一に考えなくてはならないのが，セールスする商品を必要とするのはどんな顧客か，どんなマーケットかを把握することです。これをターゲティングと呼びます。第二に，そのマーケットを細分化し，顧客の条件から見て必要度の高いのはどこかを分析します。これをセグメンテーションと呼びます。これらはマーケティングの道具として広く使われています。マーケティングリサーチ（市場調査）をすることで精度が上がります。

　単純化した仮想事例を使って説明をします。都心の小型自動車のセールスの場合，マーケットは一般家庭です。そして企業も対象になるでしょう。さらにレンタカー会社などもあります。次に顧客の条件を考えてみますと，一般家庭では自動車の所有をせず，必要な時にレンタカーを利用する傾向にあります。企業は横ばいです。レンタカー会社は買い替えのサイクルが短く，常に新車を購入しており，新車販売が増加しています。小型乗用車のマーケットを一般家庭，企業，レンタカー会社とセグメンテーションし，今後のニーズが増えるレンタカー会社にターゲティングをします。ニーズを無視したセールスは，ともすると徒労に終わるため，セールスは市場調査が重要になります。

(2) 顧客のニーズを掘り起こす

　先ほどの仮想事例の続きです。自動車は人やモノの移動に使うというニーズでしたが，近い将来にガソリン自動車から電気自動車にシフトすると，蓄電池というニーズを掘り起こすことができるかもしれません。非常用電源や移動電源として，どんな時でも，どこでも電化製品が使えるようになると，レンタカーに流れる一般家庭に再び，非常用電源や移動電源として売り込んでいけるかもしれません。このような顧客のニーズの掘り起こしと共に，セールスに成功するためには，これらの条件に合う顧客を探し出し，競合する他社のセールスマンに先駆けて売り込みを行うことが最大のポイントとなります。さらにより高等戦術としては，必要とはしていても購入する気持ちになっていない人を上手に口説いて，売り込んでいくセールスが要求されます。顧客の問題を解決する営業をソリューションセールスと言います。

演習 23-1

　総合翻訳サービス会社である「トランスコーポレーション」の営業担当のAさんは，大都市でホテルとスポーツショップを展開している「ダイヤモンドコーポレーション」のインバウンド推進のBさんを紹介してもらい，Bさんと面談することになりました。

　「トランスコーポレーション」の提供するサービスは，高品質の翻訳者と通訳者による翻訳・通訳サービスと，AIを使った，多少の誤訳はあるが安価の自動翻訳・通訳サービスです。

　「ダイヤモンドコーポレーション」は，約10％の宿泊客が訪日観光客で，スポーツショップには外国人が高品質な野球用品を求めて来店します。Aさんは，Bさんが28歳で，同じ大学出身で，趣味も同じであることを先輩から聞いています。

(1) 2人でペアになって，AさんとBさんの役割を決め，応接室で「自己紹介」，「雑談」，「Bさんの会社の外国語対応の課題」，「Aさんからの提案」，「次回の面談約束」までシミュレーションしてください。
(2) (1)が終わったら，AさんとBさんの役割を交代してシミュレーションしてください。
(3) (2)が終わったら，お互いに感じたことを意見交換してください。

23-4　この章のまとめ

　交渉や営業において，人と人との面談におけるコミュニケーションはとても大切です。そのためには相手と自分を熟知し，相性を改善し，信頼関係を構築し，相手の課題を整理し，相手のニーズを掘り起こすことで，お互いにとってメリットのある交渉が成立します。

第24章

会食におけるコミュニケーション

24-1　会食のマナーとルール

接待して会食をする場合は，会食の場所によって席次のルールがあります。原則としては

・接待される側を上座，そして接待する側が下座に座ります。
・入り口から遠い席が上座となり，入り口に近い方が下座となります。
・役職に合わせて，席次を決めます。

お店のスタイルによっては，上座・下座がわかりにくいこともあります。例をいくつか示しておきますが，事前にお店の方に確認しておくとよいでしょう。

会食では，会話がはずむように演出しなければなりません。例えば，中華料理店の丸テーブルの場合，お客様の側が話しやすいような相手を隣同士に持ってくることがあります。役職の地位にこだわらず，お客様の側と接待する側が交互に座ることもあります。

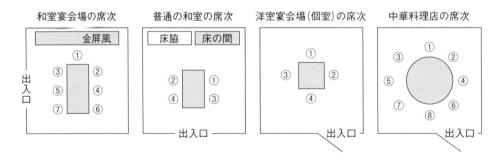

図 24.1　会食での席次のルール

(1) 和室宴会場での席次

① 和室宴会場では，金屏風の前の正面が最上席です。以下，図で示した数字の順番になります。
② 普通の和室では出入口とは関係なく，床の間の前が最上席で，床脇の前の席が次席となります。

(2) 洋間・レストランでの席次

洋間・レストランの個室では，入り口から遠い席が上席です。上席から見て，（左 → 右 → 左）の順番で，上位の者が座ります。

(3) 中華料理店での席次

中華料理店の個室では，入り口から遠い席が上席です。上席から見て，（左 → 右 → 左）の順番で，上位の者が座ります。

24-2　相手を楽しくさせる心配り

(1) 接待の目的

接待の基本は，相手に楽しい時間を過ごしてもらうことです。食事やお酒を自分自身が楽しみ過ぎてはいけません。飲みすぎて自分自身が羽目を外してしまっては，本末転倒です。また，接待は特定の目的があって行います。目的を理解しておかないと，意味のない接待になってしまいます。そこで，次のように接待の目的を確認しておくことが大切です。

- 商談をスムーズに進めるため
- 謝罪やお礼のため
- 日頃の良好な関係を強化するため

接待される相手にも，接待の目的を告げるのがいいでしょう。接待をする場所も，日頃の良好な関係を強化するだけであれば，高級すぎるところだと下心を疑われます。逆に，お礼のための接待で粗末なところを使うと，相手の自尊心を傷つけかねないので気を付けましょう。そして，接待に誘う際に，先方にも目的を告げておくと，相手もこころおきなく楽しめると思います。

(2) 相手に気持ちよく楽しんでもらう

相手に気持ちよく楽しんでもらうためには，次のポイントに配慮しましょう。
① 場所選びについて
- 目的に見合ったレベルの店であること
- 接待相手にとって，アクセスが良い場所にあること
- 料理やお酒が，相手の好みに合っていること
- 静かな個室を用意できること

② 接待の最中では
- 相手中心にことをはこぶ
- 常に相手に気を配る
- お酒が空になっていないか，こまめに確認する
- 料理に手を付けるのは，相手が手を付けたことを確認してから食べる

- 雑談などで明るくリラックスした雰囲気をつくる
- 会話が途切れないよう，配慮する
- 露骨に見返りをビジネスに求めない
- 売り込みをしない
- 相手の体調を気にかけ，お酒などを無理強いしない
- 手土産を持たせる場合は，事前に用意する
- 支払いは目立たないように済ませておく
- お見送り時まで気を抜かない

　接待の後には，相手に対して早めにお礼メールを送っておきましょう。貴重な時間をいただいたことや，会の席で印象深かったこと，次回開催を促す言葉など，相手の気持ちが冷めないうちに送ると，前向きな関係性が保てます。接待は，接待中だけでなく，今後のつながりや関係性を深めるためにも，感謝メールでフォローしておくことは，相手に好印象を与えるので大切なのです。

24-3　会食におけるコミュニケーションの実践

　接待の最中は，雑談などで明るくリラックスした雰囲気をつくり，会話が途切れないよう配慮すると述べましたが，友人同士ではないので，なかなか難しいと思います。
　話題を見つける際には，「面談におけるコミュニケーション」の章で紹介した「キドニタチカケシ衣食住」＝「季節，道楽や趣味，ニュース，旅，知人，家族，健康，仕事，衣服やファッション，食事や料理，住まい」を活用することをお勧めします。

演習 24-1

　Aさんは営業部で働いています。Aさんの担当で，いつも商品を購入してくれるカインドコーポレーションの購買担当の方々を，日頃の良好な関係を強化するために会食に接待することになりました。会席では，Aさんの隣にカインドコーポレーションのBさんが座りました。Aさんは雑談をしながら，Bさんにリラックスしてもらいたいと思っています。

(1) 2人でペアになって，AさんとBさんの役割を決め，Aさんは「キドニタチカケシ衣食住」から話題を選び，Bさんとの雑談をリードしてください。Bさんはリラックスして，Aさんのリードに会話を合わせてください。
(2) (1)が終わったら，AさんとBさんの役割を交代してシミュレーションしてください。
(3) (2)が終わったら，お互いに感じたことを意見交換してください。

24-4　この章のまとめ

　接待で飲食の場が利用されるのは，ビジネスから離れ，一緒に食事をすることで，お互いに打ち解けることができるからです。食事という楽しい場の雰囲気と楽しい会話の内容が，相手に良い影響を与えるためです。人は，料理を楽しみたいという心理が働くと，料理を楽しむために相手と良好な関係を築こうとします。

　接待では，その場の雰囲気が楽しければ楽しいほど，相手の満足度が高まります。そのため，いかに相手に楽しんでもらうかが大切です。お客様の好みの食べ物やいつも飲んでいるお酒などは，普段の雑談の中でチェックしておくとよいでしょう。会食での満足感が，そのままあなたへの好感につながり，信頼関係が深まり，長期的な取引につながります。会食後すぐにお礼メールを送ることで，さらに良い印象が定着します。

　ビジネスにおいては，顧客との良好な関係の継続が重要です。接待の効果を理解して，あなたのビジネス活動に活かしましょう。

第25章

営業におけるコミュニケーション

25-1　顧客の購入までのステップ

　人は，どのようにして『モノ』を買うのでしょうか？　その時の心理状態はについて，表25.1の購買心理の7段階と呼ばれるものがあります。その購買心理の7段階は

　① 注意 ⇒ ② 興味 ⇒ ③ 連想 ⇒ ④ 欲望 ⇒ ⑤ 比較 ⇒ ⑥ 確信 ⇒ ⑦ 決断

という7つの段階を踏んで購買を決断すると言われています。

表25.1　購買心理の7段階

過程	お客様の状態	取ってほしい行動
注　意	商品・サービスに注意を向けてくれない。	注意してもらう。
興　味	商品・サービスの存在は知っているが，興味は持っていない。	興味を持ってもらう。
連　想	商品・サービスに興味はあるが，使っている自分を想像はしない。	使っている自分を想像してもらう。
欲　望	商品・サービスを活用する自分を想像するが，欲しいと思わない。	商品を欲しがってもらう。
比　較	商品・サービスを欲しいと思うが，他の商品と比較して損得を考えない。	他の商品と比較して損得を考えてもらう。
確　信	他の商品・サービスと比較して損得を考えるが，その商品が一番いいとは思わない。	その商品が一番いいと思ってもらう。
決　断	その商品・サービスが一番いいと思うが，購入を決断しない。	その商品の購入を決断してもらう。
購　入	商品・サービスの購入を決断する。	リピートする。他人に紹介してもらう。

25-2　各ステップで決断をサポートする話し方

　購買心理の7段階の各ステップにおいて効果的な話し方の例を，表25.2に示します。

表 25.2　購買心理の 7 段階の話し方

ステップ	取ってほしい行動	話し方の例
注　意	注意してもらう。	「今回は，○○様にいつものお礼としまして，ほかの方にはお伝えしない情報があります。」
興　味	興味を持ってもらう。	「最近，○○が話題になっていますが，お早目に対策をすることで，こんな効果があります。」
連　想	使っている自分を想像してもらう。	「1 日 1 回，寝る前に○○するだけで，こんな効果が出るのですよ。」
欲　望	商品を欲しがってもらう。	「有名人の○○さんがあんなにきれいなのは，これを毎日欠かさずやっているそうです。これからでもまだ，間に合います。」
比　較	他の商品と比較して損得を考えてもらう。	「今，薬局などで見ると，○○円位が相場でしょうか。これは〜という成分をプラスして，今だけもっとお得に購入できます。」
確　信	その商品が一番いいと思ってもらう。	「結果が出なければ，代金はお返しします。でも，お返しした方はほとんどいません。効果があったという喜びの声をたくさんお聞きしています。」
決　断	その商品の購入を決断してもらう。	「今なら，期間限定で 30％オフ。結果が出なければ無料ですし，話題の商品です。まずはお試しになってみてはいかがでしょうか。」

25-3　営業コミュニケーションの実践

演習 25-1

　2 人でペアを作り，セールスパーソンと顧客になって，営業の進め方の練習をします。
　表 25.2 の購買心理の 7 段階の話し方を参照しながら，ステップを追って練習してください。営業の対象となる商品・サービスは「化粧品，サプリメント，花粉症の薬，英会話，自動車，スマホ」など，自由に決めてください。

(1) セールスパーソンと顧客の役割を決める。セールスパーソン役が商品を決めて練習する。
(2) 役割を交代して，商品を決めて練習する。
(3) 演習を通じて，お互いに気づいたことを話し合う。

25-4　この章のまとめ

　本章では，営業の現場で働く場合などに役立つ，購買心理の 7 段階の話し方を紹介しました。顧客が 7 段階のどこにいるのかを観察して，その段階にあった声掛けをして，次のステップにリードすることで，効率的な営業をすることができます。顧客にとっても，違和感なく，納得して購入できるので，満足につながる手法です。
　この方法は，リアルな店舗だけではなく，オンラインショッピングのような Web マーケティングにも活用できます。

第26章

交渉におけるコミュニケーション技法

26-1 切り出し話法と切り返し話法

(1) 切り出し話法

　交渉の場においては，相手の心理も戦闘モードになっています。そんな場の雰囲気の中でいきなり要件を切り出しても，相手は受け入れにくいものです。まずは，相手にとって肯定的な雑談や質問を続けることで，YES セットとなり，本題で良い返事をもらう下地ができ，本題にスムーズに入っていけます。

雑談と質問
① **相手が素直に受け入れやすい話**
　　会社の立地，社長の受賞，天気，気温など
② **相手が興味を持つ話**
　　好きな食べ物，好きなスポーツ，趣味など
③ **相手の利益につながる話**
　　売上アップ，コストダウン，顧客獲得など

---

(2) 切り返し話法

　質問攻めにあっている時というのは，相手にペースを握られていることがよくあります。そこでこちらのペースを取り戻すために，相手に尋ね返して，相手に話させるようにすると，話のペースが握りやすくなります。これを切り返し話法と言い，そのメリットとしては

・質問者になることで，話の主導権を握りやすい
・自分の話を短くできるので疲れない
・相手中心に，相手にとって楽しい会話ができる
・相手からたくさんの情報が引き出せる

などがあります。切り返し話法には次の3つのやり方があります。

① ポイントのみを答え，尋ね返す
「あなたのご趣味は？」
「テニスです。ところで○○さんはどんなご趣味をお持ちですか？」
② 相手の言葉を反復して，尋ね返す
「あなたの会社は業績がよさそうですね？」
「はい，業績ですか…，それよりも○○さんの会社のほうが業績良いともっぱらの評判じゃないですか。」
③ 言葉と体で質問をかわして，尋ね返す
「あなたはだいぶ給料をもらっているんでしょう？」
「何をおっしゃっているんですか，困ったなあ…」
頭をかいたり，困っている態度を体現して，尋ね返す。
「ちなみに御社の平均給与はどのくらいですか？」

26-2　第三者引用法と第三者同意獲得法

(1) 第三者引用法

　人は，影響力のある人，著名人，信頼できる人の話は，肯定的に受け取りやすいのです。ですから相手を説得する時は，相手が尊敬，信頼する人や影響を与える人の言葉を引用することで，モチベーションがあがり説得しやすくなります。

(例文)
「この商品は素晴らしいです。」
　　　　⇩
「この世界で著名な○○さんも，この商品を絶賛していました。」

「今回はよく頑張ってくれたね。」
　　　　⇩
「取引先の○○さんも，君のことを頑張ったとほめてくれたよ。」

(2) 第三者同意獲得法

　交渉をまとめる段階になって暗礁に乗り上げ，話が進展しない時の局面を打開する方法です。例えば，交渉相手が結論を出せずに，交渉が堂々めぐりをしている時に使います。

(例文)
　同席をした相手の上司に対して，
「いかがでしょう，○○部長，△△課長はなかなか決めかねているようですが，○○部長からも一言，私どもの商品の購入数を増やすようにおすすめくださいませんか。」

物事を常に前向きにとらえ，積極的にチャレンジすれば，多くの場合，好結果が得られます。ただし，この方法を使う時は，相手の上司がそれまでの交渉経緯をどのように聞いているかを十分観察し，ある程度同意を得られそうだと感じた時に使います。上司は，より高所に立った判断をしてくれるはずです。同席している上司の同意だけではなく，部下の進言などを引き出し，それをテコにして成約に持ち込もうとする方法です。

26-3　テストクロージング法と二者択一法

(1) テストクロージング法

セールスマンが契約を最終的にお願いする前に，テスト的にクロージングをかける方法です。テストクロージングによって，タイミングを見極めます。お客様の反応が前向きであれば，本格的なクロージングをかけますが，反応がなければ，クロージングは見送ります。

> （例文）
> 「今なら，最短2週間で納車されますが，試乗だけでもしてみませんか？」

ここでのテストクロージングの例は試乗ですが，見積書を作ったり，契約までのスケジュールを話すやり方もあります。

(2) 二者択一法

初めから「イエス」か「ノー」で結論を求めていくと，相手に即断を迫るような形になり，相手は「ノー」と言いやすくなります。それを避けるためには，相手が「買うという前提で」肯定的に問いかけていけば，相手がどのような選択をしようとも，おのずから買うという結論が出るというのが二者択一法です。

> （例文）
> 「お買いいただけるとしたら，ガソリン車がよろしいですか？　ハイブリッド車がよろしいですか？」
> 「買うならハイブリッド車がいいよ。」
> 「ハイブリッド車ですね。確かに値段は少々高いですが，燃費がいいのでランニングコストで回収できますね。ところで，分割払いがよろしいですか？」
> 「分割のほうが，支払いが楽かな。」
> 「分割ですね。それでは60回払いですと，月々○○円になります。こちらの申込書にお名前とご住所をご記入いただけますでしょうか。」
> 「申込書作るの？　まあここまで来たらしょうがないか…」

26-4　交渉におけるコミュニケーション技法の実践

演習 26-1

2人でペアを作り，セールスパーソンと顧客になって，営業の進め方の練習をします。

交渉の技法は「第三者引用法，第三者同意獲得法，テストクロージング法，二者択一法」のうち，2つを使ってください。

営業の対象となる商品・サービスは「化粧品，サプリメント，花粉症の薬，英会話，自動車，スマホ」など，自由に決めてください。

(1) セールスパーソンと顧客の役割を決める。セールスパーソン役が商品を決めて練習する。
(2) 役割を交代して，商品を決めて練習する。
(3) 演習を通じて，お互いに気づいたことを話し合う。

26-5　この章のまとめ

本章においては，交渉におけるコミュニケーションのいくつかの実践的な技法を紹介しました。交渉の秘訣の1つには，客観的であることが挙げられます。交渉には自分と相手がいます。そしてお互いの利害が衝突して，感情的な思い込みが生じ，交渉が暗礁に乗り上げることが良くあります。本章で学んだ技法を使いながら，客観的な第三者の視点を持ち，その人がこの交渉を見たら，どう感じるかを冷静に考えれば，合意形成に向けて話が動き始めることもあります。また，交渉が決裂した時の対処策として，あらかじめ選択肢や代替案を豊富に持っておくことも，心にゆとりを持って交渉に臨む方法です。

第27章

面接における自己PR

27-1 自分自身の棚卸リストの作成

演習をしながら自分自身の棚卸をします。

演習 27-1

次の質問に沿って，表27.1を完成させてください。

今までに「①人から褒められたこと」「②たくさんお金を使ってきたこと」「③たくさん時間を使ってきたこと」「④キャリア（またはバイト）が長いもの」「⑤何かの賞をとったことがあるもの」「⑥相談を受けたことがあること」「⑦ライバルと思われる人・商品・企業など」「⑧抽出したライバルの強み」「⑨抽出したライバルに対して自分の方が勝っているであろうこと」「⑩単純に自分の好きなこと・興味のあること」「⑪今後の人生で情熱が消えないであろうこと」をどんな些細なことでも，できるだけ挙げて表27.1に書き入れてください

表27.1 自分自身の棚卸し

質問	回答
① 人から褒められたこと	(例：話しやすさ，教え上手)
② たくさんお金を使ってきたこと	(例：海外旅行，先端IT機器やサービス)
③ たくさん時間を使ってきたこと	(例：英会話の勉強，先端IT機器やサービスをいじること)
④ キャリア（またはバイト）が長いもの	(例：英語の家庭教師を2年やった，営業を3年やった)
⑤ 何かの賞をとったことがあるもの	(例：英語スピーチコンテスト入賞，IT企業とのプロジェクトで入賞)
⑥ 相談を受けたことがあること	(例：英語の勉強の相談，パソコンの操作の相談)
⑦ ライバルと思われる人・商品・企業など	(例：帰国子女，パソコンインストラクター)
⑧ 抽出したライバルの強み	(例：ネイティブの英語力，高度なパソコン操作)
⑨ 抽出したライバルに対して自分の方が勝っているであろうこと	(例：初級者への英語の教え方，最新IT機器やサービスの簡単操作)
⑩ 単純に自分の好きなこと・興味のあること	(例：海外文化，英語，読書，先端IT機器やサービス)
⑪ 今後の人生で情熱が消えないであろうこと	(例：好奇心，人にわかりやすく教えること，コミュニケーションの向上)

①〜⑥までの質問は，今までの自分の人生を振り返って，何が強みになるかを探る質問です。

⑦〜⑨までの質問は，これから自分がやりたいことに対してのライバルの状態を分析する質問です。

⑩〜⑪までの質問は，今の自分の気持ちを整理するための質問です。

以上を考慮して，表27.1から表27.2に転記してみましょう。

表27.2　あなたの強みの分析

カテゴリー	表27.1の質問	あなたの強み
過去の自分の棚卸し	①〜⑥までの質問	(例：話しやすさ，教え上手，英語学習，先端IT機器・サービスの知識，日・英コミュニケーション能力)
ライバルの棚卸し	⑦〜⑨までの質問	(例：ネイティブの英語力，高度なパソコン操作技術)
今の自分の棚卸し	⑩〜⑪までの質問	(例：海外文化，英語，先端IT技術に対する好奇心，わかりやすく人に教える能力)

27-2　面接先に合わせたアピールポイントの整理（USP）

USPとは「Unique Selling Proposition」の頭文字をとったもので，「あなた独自のウリ，強み」といった意味です。あなたのUSPは，図27.1のように「過去の自分の棚卸し」「ライバルの棚卸し」「今の自分の棚卸し」の重なったところになります。

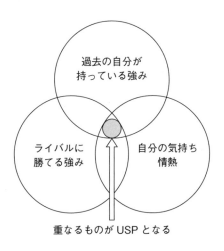

図27.1　あなたのUSP（独自のウリ，強み）

27-3 自己PR文の作成（セルフブランディング）

演習 27-2

あなたの強み（USP）がわかったところで，図27.2の自己PR文の作成の例に従って，図27.3の自己PR文の作成のテンプレートの空欄を埋めて自己PR文を作成してみましょう。

図27.2 自己PR文の作成の例

結論	・私の強みは○○です。	私の強みは，英語と先端ITの領域で，誰もが理解できるわかりやすいコミュニケーション能力です。
概要	・その強みを最も発揮したのは○○という経験です。	その強みを最も発揮したのは，英語の家庭教師，多くの海外旅行，新しいIT機器の購入をしたという経験です。
課題	・そこでは，主に○○という課題がありました。	そこには，主にネイティブの帰国子女やパソコンインストラクターとの違いを見つけるという課題がありました。
行動	・課題を解決するために○○という行動をとりました。	課題を解決するために，英語初心者やIT未経験者でも理解ができるわかりやすい説明をするという行動をとりました。
結果	・行動の結果，○○という成果を上げることができました。	行動の結果，英語のスピーチコンテストで入賞，大手IT会社とプロジェクトを進めることができました。
貢献	・この強みを活かして，御社で活躍したいです。	この強みを活かして，御社で活躍したいです。

図27.3 自己PR文の作成のテンプレート

結論	・私の強みは○○です。	
概要	・その強みを最も発揮したのは○○という経験です。	
課題	・そこでは，主に○○という課題がありました。	
行動	・課題を解決するために○○という行動をとりました。	
結果	・行動の結果，○○という成果を上げることができました。	
貢献	・この強みを活かして，御社で活躍したいです。	

27-4　この章のまとめ

　就職面接において大切なポイントに，面接企業への「志望動機」と「自己PR」があります。就職面接に臨むからには，面接に行く企業のホームページ，インターネット検索，関連書籍などによって，その企業，業界，競合する企業は最低でも調査しておきましょう。さらに，合同説明会，企業説明会，インターンシップなどに参加して，基本編で学んだ傾聴や質問を活用し，必要な情報を手に入れておくと，面接においてあなたの前向きな姿勢が有利に働きます。そして，二次面接，役員面接と面接が進むにつれて，「自己PR」に関する話が増えてきます。本章では，あなたの競争力のある強み（USP）を見つけ，自己PR文を作成する方法を学びましたが，企業の情報を把握して，あなたの自己PRがしっかりと企業の求めるものにマッチすることがとても重要なのです。

参考文献

アルフォンス・デーケン（著）（2011）『新版 死とどう向き合うか』NHK 出版。
安藤俊介（著）（2016）『アンガーマネジメント入門』朝日新聞出版。
エン・ジャパン株式会社「ビジネス会話で感じた不快感」についてのアンケート
　　http://corp.en-japan.com/newsrelease/2015/3105.html
大山雅嗣（著）（2013）『コミュニケーションワークブック 15 講』日本生産性本部生産性労働情報センター。
小川悟（著）（2009）『正しい敬語美しい敬語が話せる本』日本経済新聞出版社。
シェリー・ローズ・シャーベイ（2010）『「影響言語」で人を動かす』実務教育出版。
ジョナサン・ロビンソン（著）（1999）『時間とお金をムダにしないで成功する方法』PHP 研究所。
D. カーネギー（著）（2000）『話し方入門』創元社。
箱田忠昭（著）（2014）『即戦力になる!! ビジネスコミュニケーション 第 2 版』日経 BP 社。
原沢伊都夫（著）（2013）『異文化理解入門』研究社。
平林信隆（著）（2017）『「感受性」を調整すれば もっと気楽に生きられる。（潜在意識のクリーニングワーク）』
　　Clover 出版。
平林信隆（著）（2014）『怒らないで聞いてください〜ビジネストーク鉄板フレーズ集』マイナビ。
藤井英雄（著）（2016）『マインドフルネスの教科書 この 1 冊ですべてがわかる！』Clover 出版。
フラン・リース（著）（2002）『ファシリテーター型リーダーの時代』プレジデント社。
別役慎司（著）（2013）『誰でも人前で台本なしに 10 分間話せるようになる本』CCC メディアハウス。
マツダ・ミヒロ，本間正人（著）（2011）『子どもが「やる気」になる質問―叱る前に問いかけると，こんなに変わる！』PHP 研究所。

《著者紹介》

平林信隆（ひらばやし・のぶたか）

共栄大学　国際経営学部　教授

　日本メンタルヘルス協会公認心理カウンセラー。全米NLP認定トレーナー。LAB（Language and Behavior）プロファイル認定コンサルタント＆トレーナー。早稲田大学理工学部卒業。南カリフォルニア経営大学院MBA修了（Dean's List）。

　元ソニーの社員であり，ソニー在籍時代には倉庫業務，欧州駐在，米国留学，ITベンチャー立ち上げ，ニューヨーク・ナスダックマーケットへ上場（IPO），携帯電話や放送機器事業を通じ，システムエンジニア，ビジネス企画，セールス，マーケティング，商品企画，設計，サービス，物流，広報，IR，財務，宣伝広告，経営管理，執行役員などさまざまな職務を実践し，世界中をかけまわり，文化や言葉の壁を超えて，その体験をわかりやすく法則化してきた。

　ビジネスの法則と心理学の法則を融合したビジネス・コミュニケーションのスキルは，相手の"こころ"を大切にしてくれると定評がある。

　著書には『怒らないで聞いてください』マイナビ新書，『感受性を調整すればもっと気楽に生きられる』クローバー出版，共著には『MBAアカウンティング』ダイヤモンド社などがある。

（検印省略）

2018年3月25日　初版発行　　　　　　　　略称―実践ビジネス

実践ビジネス・コミュニケーション
― 相手のこころとビジネスの両方を
満たすスキルが手に入る ―

著　者　　平　林　信　隆
発行者　　塚　田　尚　寛

発行所　東京都文京区　　株式会社　創　成　社
　　　　春日2-13-1

電　話　03（3868）3867　　FAX　03（5802）6802
出版部　03（3868）3857　　FAX　03（5802）6801
http://www.books-sosei.com　振　替　00150-9-191261

定価はカバーに表示してあります。

©2018 Nobutaka Hirabayashi　　組版：トミ・アート　印刷：S・Dプリント
ISBN978-4-7944-8082-8 C3036　　製本：宮製本所
Printed in Japan　　　　　　　　落丁・乱丁本はお取り替えいたします。

―――― 創成社の本 ――――

書名	著者	種別	価格
実践ビジネス・コミュニケーション ―相手のこころとビジネスの両方を満たすスキルが手に入る―	平林 信隆	著	1,600円
はじめてのキャンパス・ライフ	山本・石塚 須田・長崎 齊藤・平井	著	1,500円
はじめての原発ガイドブック ―賛成・反対を考えるための9つの論点―	楠美 順理	著	1,400円
アメリカに渡った「ホロコースト」 ―ワシントンDCのホロコースト博物館(ミュージアム)から考える―	藤巻 光浩	著	2,900円
グローバリゼーション・スタディーズ ― 国際学の視座 ―	奥田 孝晴	編著	2,800円
国際学と現代世界 ―グローバル化の解析とその選択―	奥田 孝晴	著	2,800円
市民のためのジェンダー入門	椎野 信雄	著	2,300円
家族と生活 ―これからの時代を生きる人へ―	お茶の水ヒューマン ライフシステム研究会	編	2,400円
リメディアル世界史入門	宇都宮 浩司	編著	2,100円
小さな変革 ―インドシルクという鎖につながれる子どもたち―	ヒューマン・ライツ・ウォッチ 金谷美和・久木田由貴子 (特活) 国際子ども権利センター	著 監訳 訳	1,800円
新・大学生が出会う法律問題 ―アルバイトから犯罪・事故まで役立つ基礎知識―	信州大学経法学部	編	1,600円
大学生が出会う経済・経営問題 ―お金の話から就職活動まで役立つ基礎知識―	信州大学経済学部 経済学科	編	1,600円
よくわかる保育所実習	百瀬 ユカリ	著	1,500円
実習に役立つ保育技術	百瀬 ユカリ	著	1,600円
よくわかる幼稚園実習	百瀬 ユカリ	著	1,800円

(本体価格)

創 成 社

実践ビジネス・コミュニケーション考察レポート

講義日　　年　　月　　日

担当教員　　　　　　　　　　

学籍番号：　　　　　　　氏　名：

第1回　実践ビジネス・コミュニケーションの概要

　本章の内容に関して，あなたが「重要」または「大切」だと思ったテーマ（複数可）を決め，そのテーマについてあなたが感じたことや意見をこの用紙1枚に記述して下さい。（裏面も記入可）

1．テーマ（複数可）：
....
....

2．テーマについてあなたが感じたことや意見
....
....
....
....
....
....
....
....
....
....

担当教員チェック欄

〈切り取り線〉

(続き)

実践ビジネス・コミュニケーション考察レポート

講義日　　年　　月　　日

担当教員　_____

学籍番号：　　　　　　　氏　名：

第2回　ビジネス・コミュニケーション，他者に対する働きかけ～ストローク

本章の内容に関して，あなたが「重要」または「大切」だと思ったテーマ（複数可）を決め，そのテーマについてあなたが感じたことや意見をこの用紙1枚に記述して下さい。（裏面も記入可）

1．テーマ（複数可）：

2．テーマについてあなたが感じたことや意見

担当教員チェック欄

〈切り取り線〉

（続き）

実践ビジネス・コミュニケーション考察レポート

講義日　　年　　月　　日

担当教員　　　　　　　　　

学籍番号：　　　　　　氏　名：

第3回　信頼関係の形成，積極的傾聴法，反映的傾聴法

　本章の内容に関して，あなたが「重要」または「大切」だと思ったテーマ（複数可）を決め，そのテーマについてあなたが感じたことや意見をこの用紙1枚に記述して下さい。（裏面も記入可）

　1．テーマ（複数可）：

　2．テーマについてあなたが感じたことや意見

担当教員チェック欄

〈切り取り線〉

（続き）

実践ビジネス・コミュニケーション考察レポート

講義日　　年　　月　　日

担当教員　＿＿＿＿＿＿＿＿＿＿

学籍番号：	氏　名：

第4回　感情コントロール，コミュニケーション・ギャップ，質問による他者理解

　本章の内容に関して，あなたが「重要」または「大切」だと思ったテーマ（複数可）を決め，そのテーマについてあなたが感じたことや意見をこの用紙1枚に記述して下さい。（裏面も記入可）

　1．テーマ（複数可）：

　2．テーマについてあなたが感じたことや意見

担当教員チェック欄

〈切り取り線〉

(続き)

実践ビジネス・コミュニケーション考察レポート

講義日　　年　　月　　日

担当教員　　　　　　　　　

学籍番号：　　　　　　氏　名：

第5回　メッセージのスキル，アサーティブ・コミュニケーション

本章の内容に関して，あなたが「重要」または「大切」だと思ったテーマ（複数可）を決め，そのテーマについてあなたが感じたことや意見をこの用紙1枚に記述して下さい。（裏面も記入可）

1．テーマ（複数可）：

2．テーマについてあなたが感じたことや意見

担当教員チェック欄

〈切り取り線〉

(続き)

実践ビジネス・コミュニケーション考察レポート

講義日　　年　　月　　日

担当教員　　　　　　　　

学籍番号：　　　　　氏　名：

第6回　言語プロファイリング

　本章の内容に関して，あなたが「重要」または「大切」だと思ったテーマ（複数可）を決め，そのテーマについてあなたが感じたことや意見をこの用紙1枚に記述して下さい。（裏面も記入可）

　1．テーマ（複数可）：

　2．テーマについてあなたが感じたことや意見

担当教員チェック欄

〈切り取り線〉

(続き)

実践ビジネス・コミュニケーション考察レポート

講義日　　年　　月　　日

担当教員　　　　　　　　　　

学籍番号：　　　　　　氏　名：

第7回　スピーチスキル

本章の内容に関して，あなたが「重要」または「大切」だと思ったテーマ（複数可）を決め，そのテーマについてあなたが感じたことや意見をこの用紙1枚に記述して下さい。（裏面も記入可）

1．テーマ（複数可）：

2．テーマについてあなたが感じたことや意見

担当教員チェック欄

〈切り取り線〉

(続き)

実践ビジネス・コミュニケーション考察レポート

講義日　　年　　月　　日

担当教員　　　　　　　　　　

学籍番号：　　　　　　　氏　名：

第8回　プレゼンテーションスキル

本章の内容に関して，あなたが「重要」または「大切」だと思ったテーマ（複数可）を決め，そのテーマについてあなたが感じたことや意見をこの用紙1枚に記述して下さい。（裏面も記入可）

1．テーマ（複数可）：

2．テーマについてあなたが感じたことや意見

〈切り取り線〉

担当教員チェック欄

(続き)

実践ビジネス・コミュニケーション考察レポート

講義日　　年　　月　　日

担当教員　　　　　　　　　　

学籍番号：　　　　　　氏　名：

第9回　コーチングスキル

本章の内容に関して，あなたが「重要」または「大切」だと思ったテーマ（複数可）を決め，そのテーマについてあなたが感じたことや意見をこの用紙1枚に記述して下さい。（裏面も記入可）

1．テーマ（複数可）：

2．テーマについてあなたが感じたことや意見

担当教員チェック欄

〈切り取り線〉

(続き)

実践ビジネス・コミュニケーション考察レポート

講義日　　　年　　月　　日

担当教員　　　　　　　　　　　

学籍番号：　　　　　　氏　名：

第10回　ファシリテーションスキル

本章の内容に関して，あなたが「重要」または「大切」だと思ったテーマ（複数可）を決め，そのテーマについてあなたが感じたことや意見をこの用紙1枚に記述して下さい。（裏面も記入可）

1．テーマ（複数可）：

2．テーマについてあなたが感じたことや意見

担当教員チェック欄

〈切り取り線〉

(続き)

実践ビジネス・コミュニケーション考察レポート

講義日　　年　　月　　日

担当教員 _____

学籍番号：　　　　　氏　名：

第11回　ビジネス・インプロ（即興）・トレーニング

本章の内容に関して，あなたが「重要」または「大切」だと思ったテーマ（複数可）を決め，そのテーマについてあなたが感じたことや意見をこの用紙1枚に記述して下さい。（裏面も記入可）

1．テーマ（複数可）：

2．テーマについてあなたが感じたことや意見

担当教員チェック欄

〈切り取り線〉

(続き)

実践ビジネス・コミュニケーション考察レポート

講義日　　年　　月　　日

担当教員 _____

学籍番号：　　　　　　氏　名：

第12回　敬語の使い分け，上司（先輩）・部下（後輩）とのコミュニケーション

本章の内容に関して，あなたが「重要」または「大切」だと思ったテーマ（複数可）を決め，そのテーマについてあなたが感じたことや意見をこの用紙1枚に記述して下さい。（裏面も記入可）

1. テーマ（複数可）：
....
....
....

2. テーマについてあなたが感じたことや意見
....
....
....
....
....
....
....
....
....
....
....
....

担当教員チェック欄

〈切り取り線〉

(続き)

実践ビジネス・コミュニケーション考察レポート

講義日　　年　　月　　日

担当教員　＿＿＿＿＿＿＿＿＿

学籍番号：　　　　　　氏　名：

第13回　電話・怒っている人・悲しんでいる人とのコミュニケーション

本章の内容に関して，あなたが「重要」または「大切」だと思ったテーマ（複数可）を決め，そのテーマについてあなたが感じたことや意見をこの用紙1枚に記述して下さい。（裏面も記入可）

1．テーマ（複数可）：

2．テーマについてあなたが感じたことや意見

担当教員チェック欄

〈切り取り線〉

(続き)

実践ビジネス・コミュニケーション考察レポート

講義日　　年　　月　　日

担当教員　　　　　　　　　　　

学籍番号：　　　　　　氏　名：

第14回　面談・会食・営業・交渉におけるコミュニケーション技法

本章の内容に関して，あなたが「重要」または「大切」だと思ったテーマ（複数可）を決め，そのテーマについてあなたが感じたことや意見をこの用紙1枚に記述して下さい。（裏面も記入可）

1．テーマ（複数可）：

2．テーマについてあなたが感じたことや意見

担当教員チェック欄

〈切り取り線〉

(続き)

実践ビジネス・コミュニケーション考察レポート

講義日　　年　　月　　日

担当教員　＿＿＿＿＿＿＿＿＿＿

| 学籍番号： | 氏　名： |

第15回　面接における自己PR

本章の内容に関して，あなたが「重要」または「大切」だと思ったテーマ（複数可）を決め，そのテーマについてあなたが感じたことや意見をこの用紙1枚に記述して下さい。（裏面も記入可）

1．テーマ（複数可）：

2．テーマについてあなたが感じたことや意見

担当教員チェック欄

〈切り取り線〉

(続き)

実践ビジネス・コミュニケーション考察レポート

講義日　　年　　月　　日

担当教員　_____

学籍番号：　　　　　　氏　名：

第　　回

今回の内容に関して，あなたが「重要」または「大切」だと思ったテーマ（複数可）を決め，そのテーマについてあなたが感じたことや意見をこの用紙1枚に記述して下さい。（裏面も記入可）

1．テーマ（複数可）：

2．テーマについてあなたが感じたことや意見

担当教員チェック欄

〈切り取り線〉

(続き)